快思慢讲

【快思慢讲】品牌课程创始人 **李飞彤** 著

人民东方出版传媒
People's Oriental Publishing & Media

东方出版社
The Oriental Press

图书在版编目（CIP）数据

快思慢讲 / 李飞彤 著. — 北京：东方出版社，2018.12

ISBN 978-7-5207-0639-1

Ⅰ.①快… Ⅱ.①李… Ⅲ.①传播媒介－工作经验 Ⅳ.①G206.2

中国版本图书馆CIP数据核字（2018）第240685号

快思慢讲

（KUAISI MANJIANG）

作　　者：李飞彤

责任编辑：贺　方　王　萌

出　　版：东方出版社

发　　行：人民东方出版传媒有限公司

地　　址：北京市西城区北三环中路6号

邮　　编：100120

印　　刷：北京文昌阁彩色印刷有限责任公司

版　　次：2018年12月第1版

印　　次：2022年1月第2次印刷

开　　本：880毫米×1230毫米　1/32

印　　张：6.375

字　　数：110千字

书　　号：ISBN 978-7-5207-0639-1

定　　价：36.00元

发行电话：（010）85924663　85924644　85924641

说话，真的可以套公式！

想写这本书，已经有一段时间了，这是自己从事口语训练工作多年来，一个很深很深的使命与期待。

现代人身处多元的场合，都希望能抓住适当时机，展现精确的表达。我一直坚信，只要用对的方法，并加以练习，绝对有效！而本书所写的，正是足以帮助任何人建立系统并且能精准表达的技巧，更能因此建立人生中最关键的自信。

我曾在传媒圈经营多年，当时就已然察觉，很多特别来宾上节目受访，经常会出现答非所问或语多赘词的现象，导致节奏松散又缺乏可听性，明明是精彩的内涵与素材，却因为表达方式不当而失去魅力，真是可惜！

后来踏入训练产业至今近二十年，有一大半的时间讲授与口语表达相关的课程，诸如表达技巧、简报技巧、企业内部讲师训练……每每在课堂上，我都会发现一个普遍的现象：不少学员最困扰的就是"想讲的没讲，讲的都不是脑袋想的"！（我也经常幽默地肯定学员："你们拥有'即兴发挥'的能力。"）

十一年前，我出版了一本《敢表达，你就是赢家》，内含十大篇章六十六种技巧，绝大多数是和读者分享上台当众表达的方法，很多朋友及企业将之视为教材或工具，当时，我自己也把这本书定位成表达技巧的"外功"。

若干年前，接触到一个表达课程，当时觉得方法好用，可惜未能被灵活运用，让我深深体会，即使是好的技巧，依然要教大家如何融会贯通，并弹性交叉活用；如同在了解公式后，再运用公式换算出多样变化的题目。鉴于此，自己也在必要的课程中，将这种精神适度植入，让学员获益更大，并得到广大学员的回响。

时至今日，因教学而累积了丰厚的心得，总期望能以此协助更多在表达上遇到困扰与障碍的朋友，快速且有效地解决问题，精进表达出自信。

本书在经过自己多次淬炼、教学与调整之后，终于呈现。期望让读者更快速融入方法去记忆与理解应用，并且可以很轻松地参考书中的实例与说明，练习聚焦的机会。

如果前面所说的《敢表达，你就是赢家》一书被定位为"外功"，本书无疑就是"内外功"的完美结合。现在是营销时代，表达的机会无所不在，我们可以从学习、工作和社交三大方面中，看到这套表达法的优势。

＊学习优势

如学生的入学前面试、学习报告、毕业论文答辩等等。

儿子今年上大学，跟我分享了一位同班同学因表达能力不佳，干脆放弃学测的面试，直接复读一事，听起来真无奈。如果可以依循系统化的技巧稍加练习，不仅面试能够过关，还可多出近两个月的黄金假期！

＊工作优势

如面试、会议报告、商业简报、产品介绍、销售应对等等。

我曾在一家专营不断电系统的美企公司讲授商务简报，课程学员多为经销商负责人，当运用了本书中的"变焦公式"引导学员如何调整客户的抱怨，并成熟处理对价格或产品的疑虑后，学员当场"拍案叫绝"，不夸张，他们真的是当场拍着课桌直言："哇！太好用了！"

＊社交优势

如社团联谊、会议研讨、记者会、各种酒会、年会等等。

有位学员和我分享，在我授课课程结束后的第二周他就赴美参加年会。过去，他在分组讨论时，自我介绍总是三言两语就草草结束。那次学成赴美，试着运用"时间公式"，仅仅一分钟，就将自己精确且饱满地介绍了一番，休息时间，同组成员都对他赞誉有加，并主动向他索取名片，然后，他还"理所当然"地被推举为该组的组长兼发言人呢！

本书的完成，要感谢廖翊君小姐的完整企划与部分文字的整理，以及东方出版社的优质团队为本书所设想的细节。我们共同的期望是让本书既能轻松阅读，又能提供实用方法，成为一本"轻松学就有料"的表达工具书。

最后，要深深地感谢给予推荐支持的四位前辈及好友，因为邀约知名制作人王伟忠先生当时不在国内，因此通过伟忠哥谦恭有礼的秘书毛毛转达后，伟忠哥竟在百忙中抽空了解本书状况并实时给予百分百的肯定与支持，我真的很感动。

Club Med 总经理毕宗琪小姐，在得知邀约的第一时间，便幽默地说了一句："我的名字随便你用！"真是"随便得让人不敢随便"，令我深切感恩。

星巴克总经理徐光宇先生及国泰投信总经理张锡先生，更是在收到邮件与短信的第一时间，立即给予回复并无条件支持，超级豪迈的情义相挺，我放在心中了！

走笔至此，忍不住建议，轻松看完了要用心想，用心想完了要努力练，努力练习后肯定就会拥有令人羡慕的表达魅力。

目录

TALK 2 "通用类"公式，任何问题都受用

TALK 4 "辅助类"公式，让你得到支持

TALK 5 活用读心术精准表达，凡事正中红心

TALK

1

精准表达，
一开口就有好印象

---

*三步骤，学会说话逻辑

*这样自我介绍，立刻脱颖而出

*"自定义主题"，范围再大的问题都能轻松回答

*善用读心术，把话说到别人心坎里

*有梗有重点，不会表达，照样吃亏

*这样说，让人忘记你都难

*彻底摆脱不良的说话习惯

*再难的问题，也能瞬间完美回答

你是否常觉得失去说话的黄金时间，想弥补却来不及？当你需要说话或公众表达时，会出现以下情况吗？

＊说了老半天，还是没说到重点！

＊说的不是脑中想的，想的却怎么都说不出来！

＊关键时刻的表达，却讲得拉拉杂杂！

＊一开口讲话，听的人就面露无奈或表情迷惑！

＊才刚结束谈话，就开始懊恼说错话！

＊说话东拉西扯，连自己都不知道在说些什么！

很多人说话缺乏逻辑，脱口而出的都不是脑袋想的，脑袋想的却经常言不由衷，等到想起该说什么时却已错失表达的黄金时刻，懊恼不已！

最令人沮丧的，莫过于在说明自己的亲身经验，或是亲自执行的绩效成果时，却讲得好像事不关己，让对方觉得你历练不够、表达能力不佳，令人扼腕！

不想再这样下去了吧？

没问题，从现在开始，只要跟着本书的引导与练习，一定可以学会一开口就给人好印象的精准表达法。

表达力教练 李飞彤

会表达，真的很吃香！

阿村　　每次有人问我问题时，我都不知道自己回答了什么，等到事后回想起来，后悔已经来不及了。想请教一下，有没有什么方法，可以让我每次说话时，都能"说出一口好话"？

表达力教练 李飞彤　当然有。首先，掌握"说话逻辑"，就能让你的说话功力瞬间倍增。

阿村　　其实我也很想有逻辑，但是话到嘴边却变成一团糨糊，我都忍不住想问，到底说话逻辑是不是天生的？

表达力教练 李飞彤　非也非也！别以为那些"说话很有逻辑"的人，都是天生就这么会说话的，其实是有方法通过练习，人人皆可为的。

三步骤，学会说话逻辑

你是否有突然被问到"关于这件事，你有什么看法"的经验？

不论提问的人是老师、主管、客户还是朋友、同学、男女朋友的父母……当下我们都期望能在短时间说出想法讲出道理，但是经常事与愿违，最终开始担心——会不会只要是面对"需要发表看法"的场合，或是需要临时发表意见时，都会出现"重要的都没说""不重要的说一堆""不晓得该怎么说最好"的情况？

上述种种"后悔莫及"，都源自未能适度掌握"说话的逻辑"。

说话，可以有逻辑，只要掌握说话的逻辑，就不必担心言之无物。

说话的逻辑其实不难，三个步骤就能完成（如下图）。

分析	分离	推进
直达核心 快速明确地为自己将要表达的内容设定一个明确的主题。	**观点区隔** 清晰地将每一个想表达的观点切割说明，每个重要观点是各自独立的，不来回交错。	**论证明确** 将每一个重点依序说清楚，不至于回流混淆，并且一步一步往后叙述，让听众明确接收讯息。

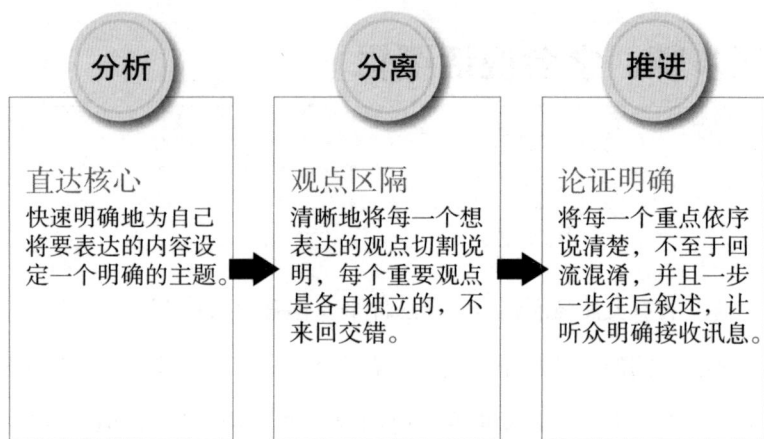

这个逻辑，用在各种时机都适合，尤其是"突然"被问到问题时、临时被邀请致辞或作结论，以及当自己没有太多时间准备的状况下，更能发挥效果。

我们在任何场合说话时，都希望能够表现突出、给别人留下好印象，其实，只要语言表达能符合清晰、简洁、有力的标准，就足以让所说的话具有高度的价值。而"说话逻辑"，正可以协助你完成这样的目标。

所谓"说话逻辑"中的"逻辑"，指的就是"分析、分离、推进"。

简言之，就是找到一个说话主题的核心，接着再开始说明核心的重点，最后记住各个重点不要反复叙述，说话任务就成功达成！

在此，我以大多数人会遇到的"面试"来举例说明。

Joan 想换工作，期望能在面试时表现优秀，让面试官印象深刻，脱颖而出。

面试官：你为什么会离开前一家公司呢？对未来有什么想法？

Joan：因为之前那家公司比较接近家族企业的经营，我自己比较想多学一些，像是国际业务的开发，还有一些业务企划之类的，但是这些通常都没办法接触。另外，家族企业也比较没有系统，有些东西都边做边摸索比较累……还有，就是之前原本有一个机会可以到澳洲，却被老板的一个亲戚接过去执行，所以觉得可以去别家公司看看。

这段话乍听之下似乎有重点，却给人一种对前公司有诸多抱怨的感觉，无法突显自己的期望与未来规划。

如果运用"说话逻辑"来表达，将会有不同的效果。

◇ 分析：直达核心

这样说——过去的公司是家族经营，我期望能在国际化的公司历练。（一开始立刻将核心放在"期望"上。）

◇ 分离：观点区隔

这样说——➤我个人期望历练业务企划、业务开发。（这两项是自己最想接触的工作领域。）

业务企划部分，我曾经负责过企划……很有心得。

业务开发部分，我曾经开发过某某客户，有一定的成熟度与热情。

◇ 推进：论证明确

在分离的叙述中，谈到业务企划时，就完全针对业务企划说明；进入业务开发，则针对业务开发全然表述，前后不会混淆，逻辑也很清楚！

表达力教练 李飞彤

说一口好话，是练出来的！

阿村　听起来好像不错耶！但是，以前坊间关于说话表达的书，我也看了很多，看归看，还是不太清楚要怎么运用。老师可以教我如何有效练习吗？

表达力教练 李飞彤　你说到重点了，练习真的相当重要，有效地练习更是关键。我想，先请你来一段"自我介绍"吧！就用你平常习惯的方法。

阿村　哦，好！我叫林大村，今年 30 岁，家住中国台北，目前在一家电子公司上班，我是双子座，所以兴趣很广，假日会到郊外走走，有时候也会去做做手工艺，像是陶土或是木工都不错。对了，我目前单身，大家可以叫我阿村。

表达力教练 李飞彤　阿村，你想想，当你介绍完之后，会被别人记住的重点是啥？而你又希望别人记住你什么呢？你有没有发现，大多数人都和你一样，做流水账式的介绍，这么一来其实是"有内容无重点"，听完后也就忘了。

阿村　对啊！那怎么说会比较有重点呢？

这样自我介绍，立刻脱颖而出

一般人被要求做简单的自我介绍时，通常不外乎介绍年龄、工作、兴趣等，就和阿村的说法雷同。但这样的自我介绍，大家都一样，很难被记得！

自我介绍真的很重要，说得好，只要短短一分钟，就能让自己从众人之中脱颖而出。

数年前，我参加一个高阶管理课程，课程十分精致，学员多数来自跨国企业。课程开始前，教授请学员们进行自我介绍，当时，我运用这样的说法：

我是李飞彤，我想介绍人生当中很重要的三个阶段：二十岁、三十二岁、五十岁。

二十岁，我在部队当兵，当时的连长给了我一个很好的生日礼物，他让我一整天不用出操、晚上不必练刺枪术，所以当天大家很辛苦，但是我过得很舒服，相当感谢那位连长。

三十二岁，我结婚，当时孑然一身，工作不顺利，潦倒、没钱、却还是结了婚，是我生命当中一个很大的转折点。

五十岁，我希望能够开始减少训练课程，增加公益演讲，训练更多的讲师。

因此，二十岁、三十二岁、五十岁是我人生当中很重要的三个阶段。

下课后，有位同学告诉我："你刚才的自我介绍说得真好，我一直记得你人生中很重要的三阶段，对了，你说你是个讲师，我想了解你讲哪些课程，或许有机会请你到我们公司给员工上课。"

仅仅用一分钟自我介绍，就能让大家印象深刻，之后，这位同学也确实邀请我到该公司授课，可见在关键时刻表达得好，真是一举数得。

在这次的"自我介绍"中，我所运用的"说话逻辑"如下。

◇ **分析──►人生当中很重要的三个阶段**

让自己清楚在这段短短的时间当中，说话需要聚焦的主题。

◇　**分离──二十岁、三十二岁、五十岁**

　　这三个阶段，是此次说话的三个独立观点，在短暂的时间中，提炼出三个观点，同时各自独立不交错倒置。

◇　**推进──二十岁发生的事、三十二岁发生的事、五十岁发生的事**

　　讲完二十岁发生的事，接下来就谈三十二岁发生的事，不再倒回去说二十岁，如此引导对方清晰的逻辑跟随，更容易记住你希望他记住的关键重点。

表达力教练
李飞彤

练习说话逻辑，从自我介绍开始！

阿村 看了老师自我介绍的逻辑后，我有一点服了，以后突然被点名上台报告时，就不会语无伦次了！

表达力教练
李飞彤 有一点服了很好，建议要多练习，否则想归想，说的时候依然连接不上。所以，要不要试着再介绍一次呀？

阿村 好！我是林大村，我想介绍我人生中三个重要的阶段，分别是十岁、二十岁、三十岁。十岁的时候，那时候我就是小学四年级嘛，我……我喜欢坐在隔壁的女生，后来写了一张卡片给她，她很开心；二十岁的时候，我就读大二信息系，说真的我本来不是很喜欢这个科系，后来渐渐发现，信息系没我想的那么难；三十岁，就是现在，我上个月刚过生日，许了三个愿望，其中一个是希望两年内可以结婚。所以十岁、二十岁、三十岁，是我人生中三个重要阶段。

自我介绍还真不简单啊，我虽然按照你的方式套用，可是还是觉得怪怪的，为什么呢？

表达力教练
李飞彤 你的概念已经清楚了，问题出在这段介绍中，你只是照我刚才说的依样画葫芦，没想好自己最期望听众听到什么重点，记住什么重点。所以，自我介绍内容中的主题，就是关键了！

"自定义主题"，范围再大的问题都能轻松回答

如果你稍稍留意，会发现一个普遍的情形：多数人向我们提问题的时候，比较倾向临时想到、突如其来、有兴趣或关切、在意的问题，而这些问题，通常未必经过自己的深思熟虑，所以没有明确聚焦，范畴颇大，也不明确。若是依照这样的提问没头没脑地回答，必然会掉入东拉西扯的陷阱。

以下是我们在工作中，经常被随口问到，却未必能简洁有力回答的问题：

"对于目前的进度有什么看法？"

"前天去听完厂商的简报有什么想法？"

"上了三天的课程有什么心得？"

"能否针对这个营销计划提出一些建议？"

"你打算如何提升绩效？"

"你对于提升主管的决策能力有什么想法？"

"你觉得团队士气低落是什么原因？"

"为什么大家都不按照规定办事呢？"

"你打算怎么安排这个活动？"

"你觉得商圈的开发与评估该怎么规划？"

"你会如何协助团队订目标？"

"这个问题怎么处理？"

以下则是在社交场合中常被问到，却也是令人难以应答的问题：

"请简单地做个自我介绍？"

"最近好不好？"

"你的工作性质是？"

"你对这部电影有什么看法？"

"你平常都做些什么消遣或休闲活动？"

"你打算怎么安排这个假期？"

"你觉得日本好玩吗？"

"你喜欢什么样的异性？"

"大家对这次读书会有什么建议？"

我们为何无法从他人的问题中明确聚焦回答？在此，就以"对电影的看法"为例说明：

一部电影有很多部分可以谈，比如剧情、配乐、演员、导演、场景、剪辑、特效……到底要谈哪一个部分？

如果都想谈一点儿，势必形成大杂烩，无法清楚聚焦；如果每一个方面都想谈清楚，除非这是一场时间充裕的电影赏析座谈。

很多人往往被这些开放性的问题箍住，瞬间变得茫然浑沌，非得当场回答的话，多数人就会干脆以"不错啊""不知道""还好啦"一语带过，不然就是稀里糊涂说了一堆不是重点的想法，用字遣词拖泥带水缺乏力度，让听的人感到无奈，当下，自己也会因为无法引起共鸣而觉得尴尬。倘若是闲聊，对方也有耐心听你说就无妨，若是在需要条理清晰表达观点的场合，就不要轻易让自己失分，影响自己在社交圈的印象。

为了避免这样的窘境再次发生，建议你开始学习"聚焦主题"。

聚焦主题

将无范围、大范围的话题，快速缩小范围聚焦，自定义一个主题说明。

以"自我介绍"来说明，这个话题的范围实在太大，每个人都有自己的经历、兴趣、学习、历练、家人、资历……到底要说什么才好？

于是到头来，就会出现什么都想说，却缺乏聚焦，导致东说一句、西说一句，想到啥说啥的情形！

一旦我们将自我介绍重新聚焦，自定义主题后，就不一样了！

以前一篇个人的自我介绍为例，我就是将主题聚焦在"人生中最重要的三个阶段"。

从大话题中，聚焦到自己想说的、对我们有利的主题，但不背离或偏离先前他人提出的话题，这是一项很重要的练习。

主题聚焦成功，不但可以引导听众听到我们想要他们听到的内容，还会让听众留下深刻的好印象；主题聚焦错误，听众听到的结果，当然也会不如预期，就像阿村一样，虽然套用了"人生重要三阶段"的主题，说到最后，连自己也觉得有些不对劲，内容松散有些文不对题。

那么，我们如何才能在最短的时间内，找到对我们最有利的主题呢？

接下来要告诉你，如何找到"令人想听的主题"，一旦你所说的主题，刚好是对方想听的，不被你吸引也难！

说对方想听的，
而不是说你想说的！

表达力教练
李飞彤

阿村　　老师，我发现，就算自己定好了主题，还是有些不知道要说哪些重点的感觉，也感觉对方似乎不是很想听。如何才能找到对的主题呀？

表达力教练　阿村，你确实很用心在练习，才会察觉这个
李飞彤　　问题！接下来，我要教你"读心术"，帮助你未来能够近乎洞烛机先地设定出他人能接受的主题。

善用读心术，把话说到别人心坎里

这边所说的读心术，是透过观察的方式，"扫描"出对方喜欢什么、关心什么、对哪些事情感兴趣甚至价值观的取向。

读心术指的是——

◇ 1. 找到听众的期望

对方期望在这次的对话互动中得到些什么？假设对方是自己的主管，我们可以从过去的经验中，了解这位主管在会议上希望听到什么。倘若这位主管重视的是结果，我们就不需要在过程上费舌劳唇；相反，主管如果经常问到细节，表达时就需要将过程仔细交代并说明。

◇ 2. 掌握听众的背景

每个人因成长学习或生活的背景迥异，想当然，思考与期待的角度会有一定程度的差异，我们在表达前就必须稍微用功去理解，绝对不是凭空想象对方而自说自话。

至于如何在表达前了解对方背景，这也不会太难。

比方说，对方的学历、经历、资历、工作性质、参与社团或兴趣嗜好……这些都可以事前粗略了解，甚至运用网络搜索也可以一窥对方的好恶倾向。

◇　3. 听众的需求

一个人在听他人说话时，如果反应冷淡或没有反应，那么对方肯定对这次的谈话缺乏兴趣，而谈话的内容也不是自己想获得的信息。

那么，我们要如何掌握对方需求，并适时调整命中红心？

一般人对于喜欢并感兴趣的事情，肯定会一直追问；对于不喜欢的、没兴趣的信息，必然也会用"哦""唉""嗯"等字眼附和搪塞。甚至用提问的方式来转移话题，这些信号在互动交流时，都是相当容易判断的，除非我们压根儿没注意对方，只顾着自己滔滔不绝地说。

所以，当你在与人聊天或谈事情时，请留意对方的语气。另外，也得观察对方是否坐立不安、眼神飘忽、左顾右盼，甚至身体后仰靠着椅背，或者频频翻弄数据却未真实阅读……这些身体语言更是鲜明地传达"我懒得听"的讯号，此时多说无益，要么快速改弦易辙，要么就干脆到此为止——因为对方根本不想再听，也听不进去。

此外，对方是实务派还是理论派？是感性型还是理智型？是见林者还是见树者？喜欢听数字还是只要听架构？这些，都可以透过读心术得知。

一旦了解对方的喜好之后，再依此设定主题表达，立刻就能引起听者的共鸣，不但记得住你所说的重点、内容，甚至能重复叙述，让你的话完全成为对方的记忆。

有句话叫"里应外合"，假如我们将精准表达比喻为"外在的技巧"，读心术就是"内在的心法"，两者结合运用，表达功力将更上一层楼。

第五章会更进一步将读心术与精准表达法相结合，以实例和图形，协助你说出一口"深得人心"的好话。

练习：请针对你可能最需要"自我介绍"的场合，聚焦一个主题吧！

· 想象自己参加社交联谊，自我介绍的主题是：

·面试时，自我介绍的主题是：

·被公司派去参加一个重要的会议，需要自我介绍：

表达力教练 李飞彤

让说话的重点像钩子般，勾住听众的心！

阿村　现在我明白了，我不应该直接将老师的主题套用在自己身上，必须自己先思考，再定出主题。除了这一点，请问还有什么需要注意的？

表达力教练 李飞彤　的确还有一些技巧需要注意，让我先来介绍很好用的"三个金钩"！

有梗有重点，不会表达，照样吃亏

有时候，我们准备了很多素材，但是别人并没有办法从你所说的素材中找出重点，原因就在于：我们叙述素材的时候很跳跃，通常是想到什么说什么，于是变成"每一个重点都好像是重点"，但是这些重点并没有被归纳，没有被系统地聚焦在一个主题上，于是让听的人觉得内容繁多，关键要点却不明确。这就好比看到一大篇没有段落的文章，文章又没有将重要内容用粗黑体强调，看上去好像没有重点、平凡又普通。

一个说话没有"将重点说得像重点"的人，准备的重点再怎么重要，听众依然听不懂，甚至忽略了我们已经说出来的真正重点。

就如同客人想吃完整的一颗荷包蛋，老板却把蛋黄打散，看不到完整的蛋黄，就算是再用心努力煎这颗蛋，结果客人却看不到荷包蛋，只见到眼前这一盘不是自己要的炒蛋，不但白费工也无法引起共鸣。

为了让我们所说的重点可以完全被听的人接收，首先，来看看人类的左右脑如何搭配合作。

人类的左脑负责逻辑、连贯的记忆或数据，右脑则是处理跳跃、感性、画面和情绪。

通常一个人从过去到现在所经历的事件、情感或吸收的信息，绝大多数储存在右脑。右脑中的素材比我们自己认知或想象的庞大许多，所以，右脑可以说是一个超级巨大又凌乱的数据库。

一般人被突如其来问到某个问题时，一定都很希望有系统的回答，塑造一个较好的印象或形象，偏偏多数人的响应模式是习惯先去数据库寻宝，只是通常找到的不是宝而是草。

关键在于，"急起来就去数据库翻找，找到什么就讲什么"，讲的内容未必精确或与他人的问题有关，导致明明过去学到很多专业、经过很多的历练，也有感受很深的体会等，当下却说不清楚、讲不明白。

为了终结这个问题，我们可以运用左脑的特性，先成就一个习惯——"定出三个金钩"！

这个金钩，简单地说，就是运用左脑的逻辑特性，设定三个重点。

听众被金钩吸引住，就能很快记住我们所说的重点。重点一旦被记住，那些重点后面所听到的一切声音、情绪，甚至用字遣词都会跃然纸上。

以前述自我介绍为例，二十岁、三十二岁、五十岁，就是我定的三个金钩。在这三个金钩后面，各自独立提出相关的素材，说完后，听众就能知道我人生三个重要阶段是二十岁、三十二岁、五十岁。

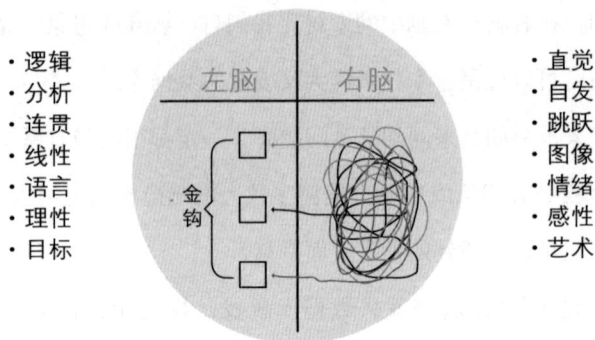

| 左脑 | 右脑 |

- 逻辑
- 分析
- 连贯
- 线性
- 语言
- 理性
- 目标

金钩

- 直觉
- 自发
- 跳跃
- 图像
- 情绪
- 感性
- 艺术

★左右脑图

我曾经在课程中，以此自我介绍为例，同时邀请学员在课后两天，再次回想我的介绍，约 99% 的学员，依然很清楚地记得这三个"金钩"，更有威力的是，还能八九不离十地说出这三个年龄背后所发生的事情，可见这个方法，实在太好用了！

那么，为什么是用"三个"金钩，而不是两个、四个、五个或更多呢？

运用三个，当然不是绝对，但是最恰到好处。

原因在于，"三"，最能够让听的人，立即感觉到说话者的逻辑性、整体性和饱满度。

只说一个重点感觉稍显单薄；超过三个重点，在短时间之内，听的人则很难完全记住，徒增负担，所以"三"是最能够在短时间内，表现出深具结构性的最佳选择。

三个金钩的优势对于表达者或聆听者都具有高度价值。

对于表达者来说，三个金钩的价值是"确定焦点""逻辑清晰""焦点流畅"！

对于聆听者而言，三个金钩的价值是"有说服力""节奏明快""便于记忆"！

当我们真正将三个重点整理出来后，它就像金钩般，牢牢地勾住听众的记忆，让人一想到你，就能想到你所说的三个重点。

当然，这只是刚开始，一旦能将三个金钩使用得十分流畅时，就可以"进阶"，学习超过"三"的限制。

★三的诠释表

音乐、艺术	成语、俗语	数学、科学	宗教哲学
红、蓝、黄	三阳开泰	三度空间	三位一体
黑、白、灰	事不过三	点、线、面	正、反、合
三音符和弦	三人行，必有我师	三类放射	身、心、灵
三部奏鸣曲	非礼勿视、勿听、勿言	物质三态	本我、自我、超我

去芜存菁，让人真正记得你的重点！

表达力教练
李飞彤

阿村　今天，主管问我对于新产品的看法，我将主题聚焦在"新产品的三大特色"上，但主管好像觉得我讲的不是很清楚，为什么呢？

表达力教练　阿村，不错嘛，你已经开始使用三个金钩，
李飞彤　但是"知道不等于做到"，现在，我就要教你，让金钩牢牢地勾住听众的方法。

这样说，让人忘记你都难

在说话的过程中，如果不先把自己的重点整理出来，而是要让听众在自己所说的一大段话中找重点，会令对方辛苦又无奈，这样的状况下肯定无法听出我们的重点，当然更谈不上精确传递信息了！

现在，让我们再次复习前面所提到的：

＊从大话题中，自定义主题。

＊从主题中，找到三个金钩。

＊从三个金钩中，各勾出想说的素材。

基本上，如果已经学会了前面的内容，那么你的表达功力，肯定已经比之前更上层楼，接下来要学的是，如何将前面所知道的融合在一起，让你在每次表达完毕之后，成为令人印象最深刻、效果最好的表达高手。

★标准模式

阶段	步骤	内容
介绍	1	确定话题
	2	聚焦主题
	3	宣布三个金钩
主体	4	金钩1+素材1
	5	金钩2+素材2
	6	金钩3+素材3
结论	7	重述三个金钩
	8	重述主题

记得每次作文课时，同学们一想到要按照老师的要求，使用"起、承、转、合"，都大叹不知道要怎么写。有一个方法比作文还简单，不论对方丢出什么话题，只需要使用"介绍→主体→结论"三步骤就搞定（如上表）！

当有人向我们提出一个问题时，首先，将你主要想介绍给对方知道的"主题"说出来，并说明三个金钩。接着，在每个金钩后面说明素材。最后，再重述三个金钩和主题。

以自我介绍为例，说话的步骤如下表。

阶段	步骤		内容
介绍	1	确定话题	请大家轮流做个简单的自我介绍
	2	聚焦主题	人生当中很重要的三个阶段
	3	三个金钩	20 岁,32 岁,50 岁
主题	4	金钩 1 + 素材 1	20 岁,我在部队当兵,当时的连长给了我一个很好的生日礼物,他让我一整天不用出操、晚上不必练刺枪术,所以当天大家很辛苦,但是我过得很舒服,相当感谢那位连长
	5	金钩 2 + 素材 2	32 岁,我结婚,当时孑然一身,工作不顺利,却还结了婚,是我生命中一个很大的转折点
	6	金钩 3 + 素材 3	50 岁,我希望开始减少训练课程,增加公益演讲,训练更多的讲师
结论	7	重复三个 金钩	因此,20 岁、32 岁、50 岁……
	8	重复主题	是我人生当中很重要的三个阶段

一旦"标准模式"练习得当,将有效掌握说话节奏、调整说话语速、去除无意义的口头禅和赘词,完全实现清晰、简洁、有力的目标,可说是毕其功于一役!

练习:请针对你最可能需要"自我介绍"的场合,以"标准模式"来表达吧!

想象你参加联谊,自我介绍的标准模式是:

介绍→确定话题：现在请大家轮流做个简单的自我介绍！

聚焦主题：_____

三个金钩：_____

主题→金钩 1 ＋素材 1：_____＋_____

_____

_____

金钩 2 ＋素材 2：_____＋_____

_____

_____

金钩 3 ＋素材 3：_____＋_____

_____

_____

_____

结论→重复三个金钩＋主题：_____

_____

_____

_____

当你在面试时，自我介绍的标准模式是：

介绍→确定话题：你可以先介绍一下你自己的工作经验吗？

聚焦主题：_____

三个金钩：_____、_____、_____

主题→金钩1＋素材1：_____＋_____

_____

_____

_____

金钩2＋素材2：_____＋_____

_____

_____

_____

金钩3＋素材3：_____＋_____

_____

_____

_____

结论→重复三个金钩＋主题：_____

_____

_____

_____

今天，你被公司派去参加一个重要的研讨会，需要自我介绍：

介绍→确定话题：麻烦各位先在小组内做个自我介绍！

聚焦主题：_____

三个金钩：_____、_____、_____

主题→金钩1＋素材1：_____＋_____

_____

_____

_____

金钩2＋素材2：_____＋_____

_____

_____

_____

金钩3＋素材3：_____＋_____

_____

_____

_____

结论→重复三个金钩＋主题：＿＿＿＿＿＿＿＿＿＿＿＿＿

＿＿＿＿＿＿＿＿＿＿＿＿＿＿＿＿＿＿＿＿＿

＿＿＿＿＿＿＿＿＿＿＿＿＿＿＿＿＿＿＿＿＿

＿＿＿＿＿＿＿＿＿＿＿＿＿＿＿＿＿＿＿＿＿

　　记得，写下来之后，绝对要练习说出来，如能录音最好，你将会发现，练习的次数愈多，你的反应就愈快哦！

只要你愿意，绝对可以改掉不良的说话习惯！

表达力教练
李飞彤

阿村　　老师，今天我用"标准模式"跟公司新进员工介绍工作职务，她好像似懂非懂，还有些没耐心的感觉，不知道问题出在哪里？

表达力教练
李飞彤　　阿村，回忆一下，你在说明工作职务时，是不是有不良的说话习惯？

彻底摆脱不良的说话习惯

不良的说话习惯，非但无法将自己的本意诠释清楚，更会干扰对方的情绪，影响这段交谈或对话的整体质感。

所以当运用了前述所引导的方式后，对方听你讲话却依然略显"焦虑无奈""面露疲态""眼神涣散""心神不宁""虚应以对"，最终"满头雾水"的状态，那么，请检视看看，在表达时，你是否出现以下的"不良说话习惯"。

◇ 语速极端，太快或太慢

有些人说话时像连珠炮，讲起话来如同赶高铁拼赛跑，让人听了想逃！

有些人说话时像乌龟散步，吞吞吐吐，支支吾吾，让人听了很迷糊！

当你说话速度太快，听的人就没有时间思考你说的内容，容易产生"难以理解"的感觉，同时让对方的情绪也跟着焦躁不安，无法冷静掌握重点。

从印象认知的角度，有些人甚至会认为说话太过急促的人＝不够稳重。

但是说话速度太慢，会让听的人有太多时间胡思乱想，影响叙事节奏与情绪，给人老态龙钟或优柔寡断、畏畏缩缩的印象，不但影响对方的情绪，造成失焦，也因为听不懂前后连贯性，导致愈听愈恍神甚至催眠。

◇ 语句松散，绕圈或赘词

你讲话是否会出现一种情况：才刚讲到重点，就不知不觉谈到东说到西？这种情况如同自己明明开车上了南下高速公路，却不自觉地看到匝道就下去转几圈，浪费时间又无法说到关键要点。

另外，有些人说话很习惯在过程中添加不必要的赘词，如"耶""嗯""啊""那么""这个""然后""是吧""就是说"等等，导致说话拖泥带水，吞吞吐吐，更是让人失去耐性的最佳催化剂。

当然，口头禅也是赘词的另一种表现。在完整的报告或对话中，口头禅会破坏语句的流畅度，尤其在正式的商业简报场合，更会影响个人或企业的专业形象，影响层面不容小觑。

　　另外，口头禅是会相互传染学习的，比如在每句话后面加一个"对啊"，甚至连续快速讲一串"对啊对啊对啊"或是"嘿呀嘿呀"，这些都是很奇怪的自问自答式结语。如果只是聊天还好，在正式场合若也这样表达，肯定扣分！

记住九个图示，瞬间回答任何问题！

表达力教练
李飞彤

阿村　老师……真是太神准了，你说的不良习惯，我好像都有！

表达力教练
李飞彤　阿村，习惯是养成的，只要有心改变，多注意、多练习，假以时日，这些不良的说话习惯你想留也留不住，加油！

阿村　老师，我还有件事想请教：我们每天都可能被问到各种问题，除了标准模式外，还有没有别的方法或技巧，可以针对问题本身的特性来回答呢？

表达力教练
李飞彤　这真是一个好问题！的确有，只要你记住九个图示，就能瞬间回答各种问题哦！

再难的问题，也能瞬间完美回答

恭喜你已经学会运用精准表达的"标准模式"，但是在使用时，你是否也和阿村一样，有同样的疑问呢？

没错，不同场合当然有不同形式的问题要面对，精准表达也针对此有不同的回答方法，有点像孔子的"因材施教"。只不过，孔子当时还不懂"图像记忆"，现在，我要告诉你，"只要记住九个图示，就能应对各种问题"。

这九个图示（见下页），分别属于九种公式，同时被归类为三大类：通用类、主张类、辅助类。

后面章节中将陆续介绍每个公式的使用方式，并呈现精彩的实例，不论是职场上还是生活中，只要记住这九个图示，真的就能"瞬间回答，生动有料"！

类别	适用时机	使用公式及图案
通用类	任何场合、环境、题材均适用	时间公式：
		三角公式：
		视觉公式：
主张类	想表达自己的立场与想法时，想说服对方、引导观点时	变焦公式：
		效益公式：
		钟摆公式：
辅助类	期望表达时更灵活、更生动、更具有逻辑层次	比喻公式：
		双边公式：
		骨牌公式：

TALK
2

"通用类"公式，任何问题都受用

◉ **时间公式，任何场合都好用**

被问到公司规模时……

被要求报告进度时……

被要求做出专业建议时……

被问到婚礼筹备状况时……

当你想提出建议时……

想安排行程时……

▲ **三角公式，让你说话更有层次**

被要求报告企划进度时……

被要求针对营销方案做讨论时……

被要求做检讨时……

当朋友认真想听你的建议时……

视觉公式，让你说得活灵活现

被问到公司在业界的规模时……

在检讨会议上，这样说……

被女友问到关键问题时……

被问到兴趣爱好时……

◎ 时间公式，任何场合都好用

精准表达，特别针对想回应各种问题的读者们，提出"通用类"公式。这个公式共分成三种，分别是时间公式、三角公式和视觉公式。

有次到上海授课时，一位学员问我："您是怎么来到大陆授课的？"当时我简略地告诉他一个时间——15 年前。

这个时间一想出来，当时所经历的人、事、物瞬间浮现……

那年，我拜访了一位老主管，接受了他的邀约赴深圳演讲。

当时有三位讲师同行，各自负责三个不同主题，并轮流上场，现场的听众是两百多位该公司内部的讲师，平均年龄 30 岁……

于是，我给自己一个期许，希望自己比其他两位讲师表现更好。因此即便在深圳小梅沙一个优质度假村，也鲜少出去晃荡享受村内设施，几乎都窝在房里重复演练自己的演讲……

那次深圳的演讲，让我有机会享受专业的足浴、参观当时才开幕半年的世界之窗及户外大型歌舞剧，也让我有机会开展中国大陆的培训之路。

同时，也是因为那次演讲，两百多位学员中，有一位日后成了专职讲师，并将我介绍给一家深圳的顾问公司，因此拓展了更宽广的培训市场……

如果时间充裕，我还可以回忆起更多细节与画面，包括如何搭飞机、搭火车过罗湖关，吃了些什么，受邀参观了什么，现场与学员的互动与对话、自己穿了什么服装……相关素材丰富充足。

什么是时间公式？

时间公式是借由时间的先后顺序，安排话题内容。目的是运用经历过的时间岁月，快速且精确地搜寻出这些时间点背后的一切素材。

使用的时机与好处：

＊随时随地可有效应用

＊给人逻辑清晰的印象

＊具有稳定及引导作用

＊呈现明确的行动步骤

时间公式必须符合我在第一章说到的"推进"概念，也就是必须有一个时间先后顺序，不能随意错置时间。

以下，是时间公式在设定金钩时的概念：

以下表的"阶段"而言，必定是先有"研发期"，再进入"制造期"，最后是"营销期"，当想到这个阶段，该阶段所有相关素材就会源源不绝涌出。

现在，就让我们来练习时间公式吧！

★时间公式的运用技巧

概念方向	金钩设定		
时间	早上	下午	晚上
年代	60	70	90
年龄	20	30	40
阶段	研发期	制造期	营销期
步骤	步骤一	步骤二	步骤三
日程	第一周	第二周	第三周

模拟演练：这个时候，你该怎么说？

◇ **被问到公司规模时……**

情境

在遇到新接触的客户时，客户们通常都会期待对公司有所了解，进而决定是否考虑合作。

客户 请问贵公司目前在业界的规模如何？

一般回答 我们公司这么多年来一直不断地成长，像在台湾地区，我们就已经发展了八年，事实上，美国跟日本也都有，美国是前年我们就去了，因为在台湾地区已经到八年了，所以有些东西我们觉得在亚洲也可以发展，所以去年也开始拓展日本这个市场，所以，就是像刚刚提到的，我们在台湾地区有八年，然后美国也有三年多，大概是这样吧！

解析

开始先讲到中国台湾，继而提及美国、日本，又跳回谈到亚洲，最后推到美国经营的时间，整个感觉就是"乱"。听起来似乎有部分信息传达，却没办法系统地引导客户看到更具体的规模，有可能令客户对这家公司的状态模糊而降低信心。

精准表达

我们公司在这几年具有高度的发展，最重要的发展有三个里程碑（主题），分别是中国台湾、美国、日本（三个金钩）。

中国台湾（钩子1）：我们在台湾已经发展了八年，这八年我们在北、中、南地区，总共成立了二十个据点。

美国（钩子2）：我们在美国三年前已经成立分公司，同时已经有了十个办事处。

日本（钩子3）：日本在亚洲区离我们比较近，所以我们把日本当成开发亚洲的第一站，目前东京已经成立旗舰分公司。

因此，（重述）中国台湾、美国、日本（三个金钩）这三个阶段的发展，是我们公司很重要的三个里程碑（主题）。

说明

上述案例，特别将主题、金钩及重述部分标出说明，读者更能清楚运用标准模式搭配金钩技巧的关键。

另外，在每一个金钩后面又重复讲一次钩子，目的在于训练我们表达节奏及段落清晰，同时令听者轻易分辨出正在谈论的内容是属于哪一个重点，加深听者对叙述的理解与印象。

◇　被要求报告进度时……

情境

业务部每周的业务汇报，主管为了掌握绩效进度，请所有业务同人一一报告自己的进度。

主管　现在请大家报告一下，你们自己目前的业务进度。

业务员　我现在大概就是差不多已经做到 50% 了吧，将近一半！有些客户还没做决定，有些客户说要等一下，但是，因为那 50%，有一些其实已经准备成交了，然后，另外 50%，有说要成交，我有跟他们联络，他们说再跟我谈一些事情、补一些数据，这样会比较可能成交，所以我现在就是有的会再拜访，然后有些已经在成交阶段，下午就会去跟一个人签约，也会顺便去找另一个客户，补给他一些资料，这大概是我个人目前的业务进度。

解析

请问如果你是这位业务主管，听完报告后会有什么想法？会很想向这位业务员提出哪些问题？

整体而言，就是"乱七八糟"四个字可形容，只知道好像已经达到50％，但是，到底有哪些要跟进？哪些要成交？是先成交还是先跟进？好像连业务员自己都搞不清楚，让人不放心现在的进度。此外，使用"大概""差不多"的字眼，更缺乏精确掌握度与专业度。

精准表达

我目前把目标进度切割成三个阶段：拜访阶段、跟进阶段、成交阶段。

拜访阶段——本周拜访目标15位，15位全部都在昨天顺利拜访完毕。

跟进阶段——拜访的 15 位客户中，有明确意愿的总共 6 位，这 6 位在下周三之前都会做最后确定。

成交阶段——这个月截至目前，已经成交 9 位，如果加上之前说的 6 位，这个月将能百分百达成目标。

以上，拜访、跟进、成交是我目前整体的业务进度。

说明

业务员有条不紊地引导听众知道每一个阶段在做什么，进度是什么。听的人不仅能够清楚记录，更能明确掌握业务员的进展，听完报告会给人很放心的感觉。

◇ **被要求做出专业建议时……**

情境

客户对理财理解不多，期望理财顾问能为她做出适当的专业建议。

客户 小姐，我觉得钱放在银行愈存愈薄，你有什么建议？我想尝试做一些理财投资。

理财顾问　存钱是比较没利息啦！存差不多就好，存太多会变成死钱，所以我建议……看看你有多少闲钱？像是我们现在有一只基金，我觉得你可以买，现在手续费有折扣，很划算哦！另外，你自己买股票了吗？股票现在比较不稳，我觉得你可以买这个保险产品，最近才刚出来，不会亏而且也有保障，你觉得怎么样？死钱总是要活用，活用的话，就是看你自己有什么想法。我不知道你以前有没有做过什么投资，比方说股票、基金，我个人是觉得，反正存钱是一回事，最重要的还是懂得理财，自己要有一些理财计划比较好。

解析

整体听起来距离专业理财顾问有一段距离，最关键的是出现三个问题。

首先，介绍基金时重点在于省手续费，却未能短时间让客户了解自己的获利。

其次，介绍保险产品前未能理解客户是否已经投保，只谈到不会亏及保障，客户还是不知自己的好处何在。

最后，这样的说法听来似乎都只是简单地推销自己所知的产品，不太能突显专业，同时降低客户意愿。

精准表达

目前钱存银行确实利息很少，我建议可以拟订一个理财计划，通常理财计划的优先级建议是投保优先，基金其次，股票最后。

投保——所有的投资理财，一定先要有保单的规划，不只是一种存款，更是一种保障，如果已经投保，这部分参考就好。

基金——基金的风险比较低，而且适用于长期稳健的投资，我稍后会为您做一个评估，再针对您的状况建议您参考几个产品。

股票——股票的风险比较大，进出资金可能要稍微评估需要性，股票可以在最后行有余力的状况下，再去做一些长期布局跟投资。

因此，投保、基金、股票是我个人建议您理财计划的优先级。

说明

虽然客户没有问优先级，回答的人可以为客户聚焦在投资的顺序上，让客户一步步理解，有被专业引导的效能。

这个部分足以按客户状态，逐步让客户进入理财领域，表达过程中尤其以基金为例，理财顾问提及稍后作评估，也令客户有被关心的感受，信任度相对提高。

◇ **被问到婚礼筹备状况时……**

情境

> 很多人结婚前都会有点摸不着头绪，丈母娘希望准女婿省钱不要找结婚顾问公司，但也期望能办得体面，于是想先了解整体状况……

岳母 你们婚礼现在准备得如何？有没有什么规划先让我了解一下。

女婿 餐厅我现在还在找……嗯……大概找了几家，最重要的就是要去看看价钱，然后选一个比较适合的，然后看要不要试吃：如果要试吃，就看有多少人去，然后就……大概这样吧！

解析

这样的回答似乎没有回答，如果是丈母娘听到了，心中会多出很多疑问，印象确实不好。

表达内容"大概找了几家",那到底是几家？不确定性很高。有提到"价钱"，若是没说清楚，会让人顾虑是否经费有限呢？最终谈到"试吃"，这个信息很单纯，需要多少人就先提出想法，吞吞吐吐反而令人有一种欲言又止的难处。结果就是准备到什么程度，还是没说清楚。

精准表达

我们已经确定婚宴的部分，婚宴可以用三个阶段来筹备，这三个阶段分别是选择阶段、试吃阶段、定案阶段。

选择阶段——现在已经确定××饭店××厅，现场可以容纳30~40桌。

试吃阶段——我们会安排试吃，有两个时间可以选择，看您这边方便我就去安排。我先预订了一桌试吃，10~12人。

定案阶段——试吃完以后，菜色可以再做一些商量与调整，确定没问题，一个礼拜之内要付订金，这个部分您不用担心，订金付完后婚宴就没问题了。

说明

虽然丈母娘问了婚礼准备得如何，但"婚礼"的范畴太广，所以先针对婚宴部分回答。

回答时从"选择"到"定案"，清楚地交代饭店桌数、人数、试吃时间、试吃人数……同时明确传达订金不用担心，这样的回答令人感到稳健成熟，也会因此令人放心安心。

◇ **当你想提出建议时……**

情境

女友想减肥，总是口头说说，行动上却与减肥不符，男友期望协助改变……

女友 我总觉得最近愈来愈胖，这样下去实在不健康，你有什么建议？

男友 我就觉得你最近吃很多，叫你不要乱吃，你还乱吃，然后你每次吃都不定时吃，想到什么就吃什么，吃的顺序也乱七八糟，所以才会变胖，叫你喝绿茶啊你就又去喝奶茶，然后又都在喝冰的，难怪会胖！还有啊，每次晚上上网又睡那么晚，肚子又会饿，然后就又跑去吃泡面，当然愈减愈肥！

解析

虽然说话的人是个关心女友的男生，减肥相关的致命因素全都提到，但是女友听了肯定不开心，因为男友似乎都在数落开骂，并没有特别的建议，女友搞不好还因此用大吃大喝来抚平不愉快的情绪，一点儿帮助都没有。

精准表达

我觉得如果你真的想减肥，可以按照三个步骤去控制饮食，这三个步骤是先喝汤、少吃饭、餐后茶。

先喝汤——吃饭之前先喝一碗汤甚至两碗汤，目的是，第一个我们的胃部可以吸收汤的养分，第二个就是汤可以把胃稍微撑大一点点，我们就比较有饱腹感因而降低饥饿感。

少吃饭——饭的淀粉量太大，吃下去被吸收了以后，转为热量，当然就比较容易胖，尤其晚餐更不要吃这类主食。

餐后茶——我会建议你吃完了正餐以后，后面跟进一杯茶，最好是喝绿茶，能够刮刮油、解解腻，而且最重要是保健养身，最后要注意少吃冰品早睡觉，很快就会瘦下来喽！

因此，先喝汤、少吃饭、餐后茶，是建议你控制饮食的三个步骤。

说明

　　男友巧妙地将减肥聚焦在控制饮食的情境上，并给了三个易懂易记易实行的步骤，是一个既接近聊天，又能快速理性提出建议的方式。所以清晰冷静不带情绪的表达，是很具说服力的做法。

◇　**想安排行程时……**

`情境`

　　　　今年年假特别长，家人希望不要浪费且又有一个较妥善的安排，姐弟两人商量如何帮家人设计一趟旅程……

老姐　今年过年假期很长耶！我们要先想想可以怎么安排？

老弟　这么多天，我在想是不是可以去台湾，北、中、南地区那么多地方可以玩对不对？我想说，我们到底是要从南部开始玩还是要从北部？你看，我们在台北，阳明山不错，像南部，鹅銮鼻也都没有去过，我们也可以去鹅銮鼻走走，那是不是从阳明山先去。对了，如果我们从北部出发的话，我们中间还可以先去中部，像日月潭，过年应该不错吧，可是不晓得人会不会很多，而且应该会塞车吧！还是我们就从南部鹅銮鼻垦丁玩上来，刚好回家。

解析

老弟确实提出了一些想法，但是东一点西一块，一会儿北一会儿南，中间突然冒出个中部，接着自己又似乎开始担心路不顺或是塞车问题。如果这只是随口聊聊也就不用计较了，但是要当一回事提出可行或值得参考的想法，就稍显凌乱，且感觉思虑欠周详，当然，这段建议的影响力也就随之削弱了。

精准表达

过年这么多天假期我建议可以从台湾的北到南，按照顺路的方式来安排景点，可以参考的顺序是这样：北部阳明山，中部日月潭，南部鹅銮鼻。

北部阳明山——我们先到阳明山去吃野菜放山鸡，泡茶、泡汤、吃火锅年夜饭，在山上住一个晚上，悠闲享受除夕守岁。

中部日月潭——初一到中部，我们先上清境住一晚，再到日月潭住两晚，途中可以搭缆车到九族文化村。

南部鹅銮鼻——初四我们往南跑，可以在垦丁待上三天，在当地租车去鹅銮鼻，可以在南部慢慢玩，最后从高雄搭高铁回台北。

因此，北部阳明山、中部日月潭、南部鹅銮鼻，这是我建议按照顺路的方式来安排的旅游景点。

说明

以"顺路"作为主题的安排很具时间概念，明确提出主要的三大时间顺序，同时也概略地规划各阶段行程的留宿时间，这样听来就有具体思考的方向。接下去若从细部讨论，大概都会朝这个概念思考，如此系统性的表达，将可提升个人对事件的主导能力。

◎ 三角公式，让你说话更有层次

平常，我总是忙碌于讲课，为企业内部培训，但也不忘每年给自己几次假期。很多人经常问我，为什么这么喜欢去 Club Med 度假？又为什么经常推荐朋友一定要去呢？因为当年有三个角色影响了我对 Club Med 的印象：这三个角色就是我儿子、G.O.（Gentle Organizers 的简称，意即"和善的组织者"或"亲切的东道主"，负责策划和执行 Club Med 假期的一切）、Club Med 台湾区总经理。

儿子——我儿子是巨蟹座，小时候出游总会不断问："什么时候回家？"但是九岁那年去了马来西亚关丹的村子后，回台湾的第二天一大早，眼睛才睁开，第一句话竟然是："我们什么时候再去 Club Med？"可见这村子的吸引力有多大！

G.O.——这是 Club Med 随处可见的工作人员，会玩、会闹又搞笑，可以说是十八般武艺样样精通，最重要的是，他们有很热情的笑容与肤色，随时让人有度假的感觉。

Club Med 台湾区总经理——那年对 Club Med 的初体验极佳，再加上儿子的反应，我开心地写了一封感谢函传真到了关丹，向那群热情的G.O.致谢，没想到这封信函辗转回到台湾公司，该公司台湾区总经理竟亲自来电，感谢我对他们的肯定与支持，更致赠了Club Med的精美礼品，让我印象很深刻。

什么是三角公式？

三角公式是借由不同的层次与方面作为设定金钩的根据，提供听众不同的思考方向与视野，更能有效突显表达者面面俱到、思维缜密的能力与智慧。

使用的时机与好处：

＊面对严肃议题表现专业

＊成熟缜密提出客观论点

＊逻辑系统地陈列出观点

＊短时间展现表达组织力

★三角公式的运用技巧

概念方向	金钩设定		
关于结论	态度面	知识面	技术面
满意度	服务	菜色	环境

概念方向	金钩设定		
考虑点	技术研发	市场销售	客服支持
关心	家庭	学校	社会
质疑	公务部门	执法机关	供货厂商
预防	公共安全	人力配置	突发事件

三角公式是运用最广泛的技巧。在我的课程中，多数学员都认为最容易思考，并且轻易上手的就是三角公式。

平日说话时，许多人会不经意地运用到三角公式，只是不清楚自己正在运用。运用三角公式要特别注意的是，不要将金钩设定得太过狭隘，因为三角最适合大方向的立足点，在没有充裕时间表达的过程中，三角公式是可以瞬间吸睛又不会流于空洞的最佳技巧。

以下，是三角公式在设定金钩时的概念，你也可以针对自己的需求，来做更适合的金钩设定。

模拟演练：这个时候，你该怎么说？

◇ **被要求报告企划进度时……**

情境

在会议中，主管——要求大家报告各自的工作进度，身为业务企划人员，要如何运用三角公式做好报告呢？

主管 请各位报告自己目前的工作进度。

业务企划 我现在工作的进度大概就是……因为客户还要再考虑，内部也要开会讨论，所以我还要追踪。加上他说我们有些产品目前他可能不一定会用得到，所以我还在想可以用什么样的产品带给他们一些信息。还有就是我在跟客户讨论的时候，有提到产品好像不是那么完整，所以我也想找公司其他部门看能不能给我们一些数据，让我们有更好的素材提供给客户。

解析

这个人讲完以后，到底重点是什么？别人不一定能记住。只听到客户好像对产品有些不满意，对方要开会、考虑，或者这位企划需要一些数据，要找某些部门支持。整体来讲，他的报告没办法让别人理解他明确的工作进度，也不清楚遇到什么问题，至于他希望得到哪个部门的支持似乎也不是很清楚。

所以，与会主管也许会向他提出更多问题，导致他更紧张或更焦虑，其他与会者也会不知从何配合起，很容易变成明明有进度，却听来杂乱无章、脚步凌乱，影响个人职场形象与信任度。

精准表达

目前的工作进度，我个人从三个方面向大家报告。分别是客户、产品、资源三大方向。

客户面——目前客户方面，我的窗口是廖先生，他正在跟他们公司进行商品的讨论及编拟预算，所以客户明确告知会在三天之内给我们一个答复。

产品面——客户目前对我们的 A 产品跟 B 产品需求不大，但是对 C 产品有高度的兴趣，只是他对 C 产品不太了解，期望我能提供更多信息，让他能够快速地做决定，对方希望我能在一天内厘清这个部分。

资源面——刚刚我所提到的 C 产品，由于客户希望得到更清楚的信息，而且必须用一天的进度来完成，所以我希望产品部、研发部，都能够把 C 产品相关的一些信息、数据提供给我，让我能在二十四小时之内汇总并回复客户。

以上，客户面、产品面、资源面，就是我个人针对工作上的三大方面所做的进度报告，谢谢。

说明

这样的表达，让主管清楚地知道客户方的进度与期待，而公司内部该做哪些配合及相关单位的支持方向，都十分明确。

在职场报告时，主管最渴望的就是能在会议中听到重点，而不是主管自己还得在会议中找重点。若能做到这种程度，就可以轻松获得认可并获取支持。

◇ 被要求针对营销方案做讨论时……

情境

在营销会议上，营销经理请同人针对营销方案做出讨论。

经理 针对这次新品上市，请大家提出需要讨论的关键事项。

小王 根据这次新品上市，我们做了市场调查。从市场调查中了解，一部分的族群很需要我们的产品，这差不多就是一般上班族的状态。

可是我个人觉得因为这些族群有时候是隐性的，所以我们可能要做一些类似像广告或是借由媒体传播之类的事，才能让他们更清楚我们的产品或者我们公司的定位。我想还有一个很重要的情况，就是因为新产品上市，我们业务人员都要出去拜访客户，可是有时候每个人讲的都不一样、各说各话。所以就会出现跟以前一样的情境，就是有人会说我们的产品定位不是很清楚，造成我们有时候跟客户或者是媒体沟通时，对方也不知道我们公司到底在做什么，为了不要让市场对公司产生模糊的印象，我希望我们可以做一些手册，让大家的说法能口径一致，这样不管是对媒体、客户，还是对市场大概都有帮助。

精准表达

针对这次新产品上市，我个人认为有三个层面必须加强，这三个层面就是市场调查、公关、话术。

市场调查——经过上一次的市场调查问卷之后，察觉到我们的产品目前在消费族群的定位是在三十岁到四十五岁之间，而且是白领上班族居多，白领上班族里又以女性占了56%。这些清楚精确的数据都经由市场调查获得，只是这个族群需要有更多引导刺激才会出现。

公关——通过调查，我们了解到公司的产品在某些定位上，很多消费者不是那么明确地理解。因此我们期望能够在这次发表的新产品上，多做公关营销这部分的活动，通过事件营销或者活动乃至于配合广告的宣传，让消费者更清楚公司的产品定位跟形象包装。

话术——我们的业务过去在产品刚上市的时候，经常有各说各话的情形，产生很多不同的自我解读，包括Q&A的响应都会让客户觉得有点模糊。所以我们这次新产品上市，希望能够把Q&A做成一个明确的教战手册，让每个业务人员出去拜访客户，都能有固定的响应方式，也就是所谓的销售话术。因此，市场调查、公关、话术这三个层面就是我个人建议需要加强的。

说明

同样的理解与专业，说法不同，所赢得的掌声必定迥异。这样的表达，就是将所需要加强提升的内容明确归类，所有的信息分门别类，让人依照重点思考，有重点才能思考到相关素材，这就是很典型的例子。

◇ **被要求做检讨时……**

同行业在做比较时，难免会被主管要求检讨顾客满意度以提升服务质量，此时该如何说？

老板 对面餐厅的生意比较好，顾客满意度也高，到底是为什么？能提出想法吗？

店长 要提高我们餐厅的客户满意度，其实我觉得服务要做好，还有就是料理要好吃，最好在餐后可以有个问卷，了解客人的想法，比如喜不喜欢我们餐厅。客人不满意我们就改，满意的部分就继续保持。还有就是我们的菜是不是可以再做得好吃一点，这样客人的忠诚度不就更高吗？再者就是，我们有些灯都不亮了，用餐环境不够明亮，有的桌子过于老旧，有些木头地板也翘起来，服务生有时候会不小心踢到，就会把汤洒到盘子上，顾客满意度当然不高。如果生意要更好，这些部分可能要改一改。

解析

店长提出几个问题，比如问卷、菜色、灯光及环境陈设等。只是这些问题平铺直述地表达，听完后感觉像一般消费者在抱怨某件事情，重点部分未能突显与归类，容易流于情绪性的观感与认知，无法呈现专业建议的格局。

精准表达

针对提升餐厅的顾客满意度，个人认为可从三个不同的层面改进，这三个层面就是服务、菜色和环境。

服务——我们现阶段服务的流程、步骤、动作、时间都是凭个人情绪及感觉，很容易让客户久等或上错菜。个人认为有必要制作相关的 SOP（标准作业程度），可以提升服务质量，也相对提升服务人员的专业水平。

菜色——目前餐厅的菜单总共有 28 道菜，其中有 18 道菜的点菜率大概不到 5%。我个人建议菜色需要定期更换，同时制作点菜率排行榜，让客人能快速知道哪些料理比较受欢迎，另外还要不定期推出一些新的创意菜。

环境——现阶段餐厅里面有部分灯光不足，像 A 区偏昏暗，而 C 区有些灯泡甚至不亮。此外，在 B 区和 C 区交接处，地板有翘起来的情形，导致服务人员送汤的时候不小心会被绊倒，所以汤汁会喷洒到汤盘上，让客户感觉不够专业。因此，服务、菜色和环境是我个人建议的三大改进方向。

说明

这样的说法很理性又有逻辑，很容易就让大家知道改进的大方向，同时将细节归类，可以让对方记住他所强调的内容。叙述内容也清楚提出具有建设性的想法，比如：SOP、点菜率分析、点菜排行榜，在短时间内，能够简洁地突显重点层面，又明确聚焦地提供问题及建议，这种成熟的表达方式很难不让人信任，并委以重任。

◇ 当朋友认真想听你的建议时……

　　张三有购买汽车的想法，期望听朋友李四具有建设性的意见……

张三　我最近有一笔预算，想买一台车，你可以给我什么建议呢？

李四　想买车？好呀！看你要买哪种车，我觉得××牌很棒耶，我是听另一个朋友说的啦！不过现在油价涨那么多，你确定要买吗？还有停车位的费用很贵！但如果要买，也可以去买××车，那个车我坐过，后面挺宽敞的，我是觉得很舒服啦！

解析

这位朋友挺可爱的，以纯粹聊天的方式提供建议，但听起来完全没有明确的引导性，理所当然，张三也无法从李四所说的获得更具体的想法，最多就是他说了某款车还不错，而且也是自己确实坐过的车，其余的就听听吧！

精准表达

你真的要买车吗？好呀！我可以给你三方面的建议，这三个建议就是预算、性能、舒适。

预算——首先你刚刚说有一笔预算，大概是多少？需要贷款吗？目前汽车贷款利息较高，我建议若预算充裕，最好不要贷款。

性能——你会期望这台车有什么性能？如果没有特别需要，××车很适合一般家庭，也适合行驶一般道路；如果你很多机会走山路，而且载较多家人，我会建议你买 ×× 车，这款车的爬坡力口碑相当好，而且车门边有很好的防撞设计。

舒适——你如果很喜欢开车，舒适性一定很重要。×× 车的内装我很推荐，方向盘有频道及音量控制，驾驶座有电动调整，CD 是吸入式，你还可以加一点钱，装个电视，最关键的是车内椅套是皮革制成，触感和透气性很棒，长时间驾驶也不会太疲累。

整体而言，预算、性能、舒适这三个方面是我可以给你的建议。

说明

这样的说法开宗明义就是提供建议，不至于闲聊也不至于太过严肃。

很关键的三大建议的确能协助朋友朝明确方向思考要买什么样

的车。

尤其一开始的预算问题，如果不清楚预算，一切建议都无意义。同时也提醒车贷利息较高，给了朋友一个很棒的提醒。

其次在功能部分，为朋友提出两大基本方向选择，让张三听完在脑中为自己勾勒出一个认真考虑的画面。最后的舒适度建议很贴心，罗列一些自己知道的某种车款的舒适配备，相信张三此刻已经开始想象自己坐在驾驶座的画面，心情开始雀跃了！

◎ 视觉公式，让你说得活灵活现

在三角公式中，我提到三个角色影响了我对 Club Med 的印象。

如果真要说 Club Med 到底好不好玩？我想和大家分享在 Club Med 让人印象最深刻的三个场景，分别是吧台、餐厅、秀场。

吧台——在 Club Med 的吧台，除了酒精浓度较高的酒类需要自费，其他一切饮料、酒品都任君挑选，一律免费。所以，很多人都会在用餐前，先到吧台优雅地喝些餐前酒、吹吹海风、吃些点心，再悠闲地进餐厅。

餐厅——Club Med 的餐厅很能突显它们的特色，每天都有不同主题，所以度假五天，中式、日式、法式、印度、东南亚等不同风味的料理，都能大快朵颐。除此之外，村子里的 G.O. 在晚餐时刻，都会随着当天主题换上较正式的服装，端着餐盘，带着灿烂的笑容，和游客坐在一起用餐、聊天说笑，完全零距离，很快就让餐桌上的气氛变得更有趣。

秀场——Club Med 每个村子都有一个表演的秀场，每天晚餐后都会有不同的表演，很特别的是所有演出内容不论是短剧、舞蹈还是特技，全都是 G.O. 粉墨登场，整场表演的灯光、音效、布景、道具也都是出于他们之手，近乎全能。值得一提的是，表演结束后，G.O. 们通常会带着全体游客大跳 crazy sign，热情有劲却不难跟进的团体舞步，连上年纪的老人几乎都跟得上，这是很多游客相当喜欢也特别期待的时光。

听完了上述介绍，即使不曾去过，脑海中是不是也勾勒出一些 Club Med 的画面？或是很想亲自去享受一趟？

这就是视觉公式的魅力！

什么是视觉公式？

视觉公式是以地理位置，或是视觉区域作为设定金钩的根据，运用此公式，可以帮助听众在脑海中呈现画面，进而对表达内容印象深刻，同时随着画面的引导，情绪与气氛都渐入佳境。

使用的时机与好处：

＊适合运用于较宏观主题

＊给人强化视觉感官印象

＊缓和较敌对与紧张气氛

＊为自己提供实际的情境

或许是因为我们成长的过程中，较少学习如何"创意性思考"，因此，很多学员在接触需要很多形容画面的"视觉公式"时，都会有点距离，似乎抓不到运用的关键技巧。

其实，只要主题定得好，某些时刻，视觉公式是最能加深印象且拥有引导情境的力量。

★视觉公式的金钩设定

概念方向	金钩设定		
规模	欧洲	亚洲	美洲
优势	餐厅	泳池	秀场
特色	外壳	屏幕	键盘
绩效	徽章	奖牌	周刊
文化	喷水池	走廊	会议室
性质	工作室	休息室	教室

视觉公式是以视觉物或区域让对方立即产生印象。当我们提出一个金钩时，听的人会在脑海中有一个具体鲜明的画面。多数不会太偏离或走样。

例如，当我们说出篮球，应该不会有人想不出篮球的画面，也不可能想象成高尔夫球——这就是利用众人共通经验设定金钩的技巧。

　　要注意的是，在设定视觉公式的金钩时，不包括人的长相或身材，因为这样太过笼统不具体。如果一定要以人为设定时，可以借由这个人脸上戴的眼镜、耳环、项链、手表、戒指，甚至胸针、腰带、皮鞋、皮包……来作为设定金钩的参考。上表是视觉公式的金钩设定概念。

模拟演练：这个时候，你该怎么说？

◇ **被问到公司在业界的规模时……**

　　在简报现场，业务人员被客户问到公司品牌目前在业界的规模时，要如何使用视觉公式回答呢？

客户　请介绍你们的品牌目前在业界的规模如何？

业务员　我先来跟各位谈一下，我们公司其实很具规模，在很多地方都有分公司跟驻点，某些地方也都已经开设分店。

　　大家都知道像纽约是一个很艺术化的城市，很自由也很时尚，而纽约就是目前的分店之一。刚刚我讲到时尚，其实巴黎也是很时尚的都市，但这个时尚的感觉跟纽约又不太一样，所以我们在那边的整体设计也不太一样，巴黎事实上对我们来讲也是一个点。至于东京，在日本也算是很时尚的，所以我们在东京也设了一个分店。以上大概就是我们公司目前在全世界的一些重要城市所设的驻点。

精准表达

我来向各位介绍我们 ×× 品牌的规模。我将通过以下三大城市来跟各位介绍，这三大城市就是纽约、巴黎、东京。

纽约——我们 ×× 品牌在海外开设的第一家分店就选在纽约，同时不惜重金投资在纽约的第五大道转角口，成功在当地打出高知名度。

巴黎——巴黎是我们 ×× 品牌开设第一家旗舰店的所在地，店面设在香榭丽舍大街，整栋三层楼建筑共有 580 平方米，店面外墙的大面广告，有效达到吸睛效果，成功地在时尚之都引起话题，并创造购买率。

东京——东京是亚洲开设的第一个旗舰店，不仅仅是亚洲第一家，同时也是我们 ×× 品牌海外的第一个分公司。

以上通过纽约、巴黎、东京这三大城市，期望各位大致了解我们 ×× 品牌的规模。

说明

这个简报一开始就是不断运用"××品牌"来强化客户对自己公司品牌的印象与宣传性，这是相当重要且专业的做法。

接着，分别在三大城市中，抓出最值得介绍的关键重点，尤其是足以表现规模的素材。比方："重金投资在什么商圈地点""店面规模及广告""气势与销售""分公司的第一选择"……这样的说法在短时间内，确实能表现出大格局与气势。

◇ 在检讨会议上，这样说……

情境

刚办完一场重要的产品说明会，主管隔天立即针对缺失，与部属进行检讨会议，这时该怎么说才好？

主管 昨天完成的说明会，请大家谈谈有哪些需要提出检讨的？

小张 昨天那个说明会，我个人是觉得我们在有些资料上有些瑕疵，比方说，就有客户拿着数据袋来找我，问我里面的东西为什么不够，顺序为什么不太一样。那时候我也搞不清楚，所以后来我就带他去外面找另外一个人；可是后来又有一个问题发生，很麻烦，就是他的入场证留在座位上没带出来，后来就进不了会场；接着他又跑去找之前报到时签到的那个人，结果那个人的签到表又不知道收到哪里去了，一下子说要从计算机查，但又没有，文件上也没看到。因为数据有问题，加上入场证不方便携带吧？我不知道，反正到最后就变得很乱。

解析

最后小张说"最后变得很乱"这句话，正是他自己在做这个报告的写照。听完报告后，感觉就是问题接二连三地发生，却没有办法很清楚地理解问题的主要根源到底在哪，或是需要改进什么。这样的报告，真是松散疲弱，缺乏检讨报告的节奏与力度。

精准表达

我个人认为这次说明会最需要检讨改进的是报到这一关，因此我针对报到时的三项数据缺失进行检讨报告，这三项数据分别是入场证、签到表和数据袋。

入场证——我们的入场证是在现场发给进场的听众，因为黏性不够，很多客户都只能拿在手上没办法扣好，甚至到了现场就直接把它贴在椅子上，因此很容易遗失。我建议下次使用吊牌式的入场证，便于佩戴与保存。

签到表——我们在签到的时候，分成三个签到台，有的用笔签，有的用计算机直接办理签到，所以导致计算机跟文件的数据无法同步，因此会产生分歧甚至重复签到的可能。我建议下次统一计算机联机，若现场技术有困难，宁可全部用纸上作业，之后再统一汇总，避免信息重复或漏失。

数据袋——先前数据袋没有仔细检视，导致数据袋里面的内容参差不齐，顺序不一致，有的漏了，有的重复了，因此在现场出现需要换数据袋或者补数据的现象。我建议下次必须有统一规范，按照数据重要性从上到下排序，再找一个时间全员一起完成装数据袋的工作，这样就很少出错。

以上入场证、签到表、数据袋三项，是我个人认为在上次举办说明会报到时的缺失。

说明

听完这样的报告，与会人员就能很快掌握检讨的方向，报告人明确指出问题的关键，同时也提出了建设性的方案，为下一次说明会提前做好改善与筹备。

◇ 被女友问到关键问题时……

情境

情人节当天，女友试探男友对彼此交往的记忆与印象！

女友 我们交往这段时间，你印象最深刻的是什么？

男友 印象很多啊！像是看电影呀，一起去垦丁啊！还有在日月潭骑脚踏车啊！还有……哦！对了，你到我家煮菜给我吃啊！大概就这些吧！

解析

这样的说法太过敷衍，有一搭没一搭地说着，女友听了肯定会觉得这家伙很不贴心，尤其女友用心煮菜给男友吃，却像是突然想起，听来实在很不称心！

精准表达

这个问题太简单了，我只要想到三个地方，就会有很开心、很甜蜜的感觉，这三个地方就是垦丁、清境、我家。

垦丁——还记得我们第一次真正出去旅游就是去垦丁，那次印象最深刻的就是晚上逛大街时，突然下起倾盆大雨，我们决定不要买伞、不要跑，慢慢走回民宿，现在想起来都觉得好棒，真像拍电影！

清境——记得吗？我们去清境农场那年超冷！结果我们还是很疯狂地跑去找了两台脚踏车，从星巴克往山上骑。结果，你没力气骑上去，我们就慢慢把车推到合欢山，虽然很累又很冷，心中的感觉却很温暖。

我家——我永远记得你第一次在我家厨房下厨的样子，一眼就看出很笨拙，却假装很会，还把我赶出厨房，自己偷偷看小抄。说实在的，不是很好吃，但是我真的很愿意吃光，很难忘，真的很难忘！

所以呀！垦丁、清境、我家，这三个地方就是最能让我感到印象深刻、回忆甜蜜的地方。

说明

把记忆中美好的历程、场景快速提炼出来，很快就会让人融入情境与感觉中！

像这样的说法，女友肯定觉得超舒心、甜丝丝，每说到一个场景，都会有一个熟悉的画面，同时也有瞬间掉进时光机，感到时光倒流的效果，让人回到当时的心情，感觉也变得很真实，这么一来，两人的感情肯定瞬间加温，想必这一天的情人节夜晚，一定更美好！

◇ **被问到兴趣爱好时……**

在一个社交场合中，有人提议请大家分享自己的兴趣爱好。

主持人 现在轮到你了，你平常都做哪些休闲活动呢？

小马 我平常的兴趣就是，有时候去泡汤，有时候也会跟朋友喝喝茶，其实我最喜欢的就是喝茶跟泡汤了，这些其实都很不错，我自己平常大概就喜欢从事这几个休闲活动。

解析

这样的说法很单调又乏善可陈，在社交场合中很难吸引人注意，如果自己的兴趣真的就这么单一，那么说法上，就必须更加强，让与会者加深对自己的印象。

精准表达

说到休闲活动，我要跟各位介绍三个地方，这三个地方一说出来大家就很清楚我平时喜欢的休闲兴趣了，那就是猫空、北投、乌来。

猫空——猫空是我经常去喝茶的地方，我喜欢在群山环绕中喝茶，舒服、幽静又悠闲地泡茶、享受清风，有时会带着笔记本电脑在山中喝茶写作，那时候的灵感最丰沛，感觉真好。

北投——北投是我最喜欢泡汤的地方，尤其搭捷运就能到达，出捷运站后走路只要十多分钟就可以泡在温泉里，很少再有地方像北投这么方便又密集的温泉区了，有时泡汤后，我还会慢慢散步，走到山下的北投图书馆坐坐，看看书，享受图书馆与大自然结合的雅致，真的很有幸福感。

乌来——乌来也是我常去泡汤的地方。乌来是碳酸温泉汤，跟北投又不太一样；通常我会先泡汤，之后就会在乌来老街上慢慢逛，我最喜欢吃当地的石板烤猪肉，山上的一些野菜也很可口，吃完以后再慢慢走回汤屋，坐在窗边喝茶看远山近水，加上发呆，那种放空与放松的感觉很棒！

所以，猫空、北投、乌来这三个地方，最能表现出我平日的休闲兴趣了。

说明

同样的兴趣休闲，听起来大异其趣，这样的说法很容易将听者快速引导进入情境，说得好会让人有身临其境的感受，甚至让人有一股冲动想立刻起身去体验。

这样的表达，不仅一开始就将三个场景呈现出来，更关键的是每一个场景的描述过程中，加入了很多自己的感受与心境，让这些看似单调的休闲，被赋予许多具有情感的温度，十分有意境。

TALK
3
"主张类"公式，
说话更有影响力

变焦公式，成功引导话题

运用 zoom out 放大技巧，提升视野、处理敏感问题

想成熟处理敏感话题……

想表明自己观点的合理性时……

运用 zoom in 缩小技巧，看见具体重点

希望将内容聚焦在具体的重点时……

希望成熟处理一概而论的观点……

想要引导被忽略的认知与细节时……

效益公式，销售说服最好用

希望对方再多思考一些时……

想要维护自己的产品时……

想规劝别人时……

负面效益表达，反而令人感到贴心

钟摆公式，整合不同想法

讨论相反议题时……

需要居中协调时……

想要化解对立情况时……

◎ 变焦公式，成功引导话题

试着想象自己是一位摄影师，首先，将镜头以大特写对焦于一叠美元大钞，再向外拉开，看到一家银行，再继续往外拉，看到整条华尔街……如果需要的话，还可以继续扩大。

以上述的例子来说，聚焦于"一叠美钞"，很鲜明的就是"钱"。当镜头拉开，看到一家银行时，意义就放大成"金融"，镜头再放大拉开看华尔街时，就成了更高层次的"经济"了。

这就是变焦公式：将观点放在同一个性质的主轴上，如"钱—金融—经济"，可以放大也可以缩小。

什么是变焦公式？

变焦公式是借由关注层面的放大或缩小作为"金钩"根据。这项公式足以有效引导听众的观点及视野，通过其中语言的收放引导，可以适度调整不同意见，成就语言表达的影响力。

在变焦公式中，根据方向的不同，有两种技巧，分别是"zoom

out"放大，和"zoom in"缩小。

使用的时机与好处：

＊自我表达掌控内容的层次

＊引导听众思考层面及焦点

＊动态调整观点或处理异议

＊适度运用放大缩小的技巧

在使用变焦技巧时，不论是放大还是缩小，都不要偏离主轴。以一开始的例子而言，放大时，若变成"迪士尼乐园"，就会与先前的"钱—金融—经济"的要求主轴有偏差；同样，若缩小聚焦变成一台"脚踏车"，也会令人难以理解，甚至感觉转移话题，那就差很大了！

◇ 运用 zoom out 放大技巧，提升视野、处理敏感问题

zoom out 放大的作用如下：

＊将观点扩大或提升视野

＊成熟处理敏感性的话题

＊表明自己观点的合理性

＊当希望将观点扩大或提升视野时

毋庸讳言，有些人，在看待人、事、物时，喜欢钻牛角尖，或者视野非常狭隘，经常以自己的观点和他人争斗或激辩，这个时候，再多的言辞对立未必有用，只会激化彼此的情绪，加深误解。

　　此时，可以通过观点扩大来提升视野，引导对方从更高的层面思考、用更宽的视野来看待、以更广的格局来接纳，让对方受到引导后，启发之前未曾想到，或是不成熟的思维和视野。

情境

　　某企业欲引进 5S（整理＼SEIRI、整顿＼SEITON、清扫＼SEISO、清洁＼SEIKETSU、素养＼SHITSUKE，又称为"五常法则"）制度，期望公司上下都能推广应用。但是小张觉得这个 5S 细节太烦琐，而且一直认为没有必要，经常跟直属主管王经理产生对立，导致王经理很不高兴，趁着某次会议严正重申立场。

王经理　公司规定就要执行，如果不做，就要惩罚。哪有人一天到晚那么多废话，这又不是针对一个人定的制度。况且导入 5S 能为公司品牌带来很好的信誉，以后我不想再听到这些杂音！

解析

王经理的立场与出发点绝对正确，也应该支持，只是情绪性的指责与对立，对小张来说反而更不舒服，就算表面屈服，但是对于未来5S整体的推动与落实，无异于埋下了另一个隐忧，不但无法全面扎根，恐怕还会衍生新的对立问题，效果不彰，显而易见。

王经理如果认为5S势在必行且至关重要，就要设法提升小张的视野，让他理解5S的重要性及未来将产生何种影响。

精准表达

我相信大家要适应新的制度会需要一段过程，各位也希望自己能在一家口碑好、有制度的企业工作，不是吗？针对5S落实执行的重要性，我在此说明。

从具体的问题来说，客户参观工厂时如果看到污秽、凌乱的场面，会以此判断公司的管理能力；再将层面扩大来看，会怀疑我们公司的管理过于松散，这也将直接影响到生产的质量，更严重的是，客户的认知观点，会直接影响对公司的信任与合作的意愿，我相信这不是大家所乐见的，不是吗？

说明

这样的说法，首先已经表达了个人对于排斥 5S 情绪的理解，是在高位者先展现格局的第一步。

接着，从具体的小问题如厂区环境不整洁，客户会因此判定公司的管理能力不足，提升到客户会质疑生产质量有问题的层次，这样的引导逻辑就是"见微知著"，这是以理性温和又不失坚定的说法，让小张及其他部属都能看到并理解，若不执行 5S 有可能带来哪些深远的影响。

模拟演练：这个时候，你该怎么说？

◇ **想成熟处理敏感话题时……**

相信很多朋友都明白一个很关键的默契与礼节：那就是在公司内，不论公开或私下，都不允许讨论或询问他人的薪资待遇。但总是有一小部分人，喜欢私下有意无意地探询，此时，讲也不是，不讲也不是，该如何是好？

这种尴尬的场面，最适合运用 zoom out！

另外，在一些公开商业场合，有些人会为了商业利益或竞争条件，向他人直接询问底价或是成本，甚至会问到跟其他厂商合作的条件等等，这种人通常也知道这是不容许且缺乏商业道德的问题，但是他们就是会提出来，目的可能是测试底线，或看对方会不会招架不住，然后在紧张或急于成交的当下脱口而出！像这类敏感性话题，运用 zoom out 很容易化解。

在一个公开性的简报场合中，一位与会者举手发问："请问一下，你们公司针对这项产品的成本，到底是多少？"

简报者 这些成本其实跟大家知道的都差不多，我们公司不会高很多，但是也不会太低，其实这也不是很方便说啦！要不，有兴趣的话，我们会后再针对这个部分谈一谈……

解析

这样的回答，可想而知，现场肯定产生很多不同的情绪，提问的人会觉得演示者回答闪烁其辞、不够干脆，某些与会者开始怀疑这家公司很多不透明的做法，当然也会因此出现不信任的扣分印象，甚至会有更多人想要问："那你们这项产品，成本到底是多少？"问题不但没有解决，还会变得更复杂，无法收场。

精准表达

首先，感谢这位先生提出这么一个大家都很好奇的问题。具体而言，我们跟所有的供货商都签有保密协议，整体而言，双方都必须严格遵守，实现商场上最基本也最重要的诚信。

就长远来看，诚信的合作厂商也必定是贵公司未来最大的保障，而这也是最强的竞争力，我相信您也绝对可以认同跟理解，不是吗？

说明

这样的回答既成熟又稳健，更不失专业的自信与气势。一开始就将问题聚焦在"保密协议"，相信这是商场上不会有人愿意摊在阳光下的默契。

其次将问题层次拉高到"诚信"，诚信毫无疑问是实现长远合作的基础，更不会有人质疑或反对。

最后，如果想要有强大的竞争力，应该会希望有一个这样的合作厂商，大家永保安康。因为这个回答意味着：我们不会在任何场合出卖任何一个合作伙伴，以作为做生意的筹码。

◇ 想表明自己观点的合理性时……

当希望对方理解并支持自己的观点时，就有必要将观点拉到较高、较多元的层次，让对方知道事实上我们有某些内涵、想法、观点被忽略，也的确是对方并未思考清楚方向。

同时，理性地提出自己所主张的观点有何根据或数据，同时还可以证明自己的立足点是清楚、合理，又符合效益的，从而使对方认同。

一所私立学校希望争取多一点年度补助款，因此强烈要求老师在评鉴工作上投入更多的时间与精力，反而让老师无法专心进行课程设计及教学。所以在某次会议中，便有老师首先发难了。

老师 我想先表达一下意见，其实应该不只是我个人的看法啦！很多老师私下也是对这些评鉴工作很反感，我们当老师的就应该负责教学，现在这样根本就是本末倒置，我们都觉得很不舒服。

解析

一开始说话就有可能得罪了校方，让校方觉得这位老师有情绪及攻击性，另外，其他老师也会有被出卖的感觉，抓一堆人出来稀释自己的发言责任，不够有勇气！

接下来的说法及用字遣词都颇具情绪化，让校方高层觉得老师们似乎想私下串联不配合评鉴，导致无法让学校得到补助款，这只会刺激校方态度更加对立，最后反而更强势表明老师必须依照规定办事。老师表达的意见便无法得到正面的效应。

精准表达

首先，我要表达自己这段时间在工作上的想法。

具体来说，我不太期望占用较多时间做那些公式化的评鉴工作；就整体而言，评鉴确实占据了大量的时间，导致老师们无法更专注在课程开发及教学的设计上；最大的影响是，我们的教学质量下滑，学生成绩也变差了，反而会影响明年的招生。相信这不是我们大家所乐见的，不是吗？

说明

首先以"自己"的角度表达，是负责任且具体的真实想法。接着从具体被影响的事实提出说明，再理性引导说明老师真正应该承担及专注的层面，最终点出校方真正在乎且期待的关键问题——"招生"。

用这个说法表态比较理性，同时清楚地说明立场想法，并非为反对而反对的情绪表现，不致被贴上唱反调、抗争、不配合的不良标签，当然，这样的说法及引导观点，被校方接纳的可能性也会比较大。

◇ 运用 zoom in 缩小技巧，看见具体重点

zoom in 即是聚焦，运用聚焦的技巧，可以达到三个作用：

＊将内容聚焦于具体的重点

＊成熟处理一概而论的观点

＊引导被忽略的认知与细节

模拟演练：这个时候，你该怎么说？

◇ **希望将内容聚焦于具体的重点时……**

有一位市长候选人的竞选口号是"打造全世界最棒的城市"，让很多人都高度期待，还有更多人是抱持观望跟质疑态度，当然对手也会开始进行攻防式的说法。

竞选对手 某某候选人说要打造全世界最棒的城市，其实我们现在就已经是国际化的城市了，虽然还有一些进步的空间，但是也都排在世界第 × 名……

解析

这样的表达只是回应，只是所谓的口水战，更掉进了他人所设定的议题中。同时提出目前已经非常国际化，虽然有"进步空间"这样的说法，无疑是让对手有攻击的机会，针对尚未进步的空间穷追猛打。

这种说法事实上并没有办法厘清自己的观点立场，更有可能激化对方的情绪，同时无法让选民认同。

精准表达

整体而言，打造一个全世界最棒的城市是大家所期待的。

进一步仔细思考，现阶段我们与世界最棒的城市，究竟有哪些明显的差别？

从具体角度来看，找出差别并且改善，才是我们现在要关注的焦点，不是吗？

首先，我请问对手，您是否能指出全球十二个最棒的城市是哪几座城市？

其次，这些全球最棒的城市，他们最大的优点在哪里？

最后，我们目前跟这些城市最大的差距是什么？我们又该做些什么？

说明

这样的说法，开宗明义先肯定最棒的城市是大家期待的，接着就向下聚焦在"差距"，最终就是要具体提出"改善方法"。短短几句话，就足以将天马行空的口号式语言，拉回面对务实的行动。

这就是 zoom in 的优势之处，尤其是碰到习惯打高炮、喊口号的人，最适合用这样的表达技巧，将其内容引导进入真正该面对的问题，避免模糊焦点，而忽略重要的细节。

◇ **希望成熟处理一概而论的观点……**

高速铁路兴建时，有很多反对的声音，有人认为经费庞大、有明显的瑕疵，没办法看到实质的经济价值，根本就是浪费纳税人的钱等等，针对这些质疑，相关单位提出说法。

相关人士 高铁建设有它一定的价值，目前很多先进国家也都有高速铁路。我们已经采取很多方案来控制整体的预算。同时，我们相信高铁通车之后，必定会带来可以预期的价值。

解析

听起来不够具体，无法搞清楚到底高铁有什么价值，缺乏说服力也解决不了民众的疑虑，可想而知，这样的响应不能引起共鸣，甚至会给人毫无定见与方案的感受。

精准表达

就整体而言，高速铁路确实动用了庞大的经费。但是就具体的价值来看，高铁将明显缩小城乡差距，以及出行往返的时间。

更确切的评估是，届时高铁所经过的乡镇，不论是餐饮业还是旅游业，甚至于房价，都会因此而获利。

说明

首先必须做到一件相当重要的事——承认这是个事实，也就是先承认确实动用了庞大的经费。

其次，根据相关专业的理解与认定，恳切地说明确实缩短往返时间，朝正向引导将延伸的好处。最后提出更直接且关键的优势。

通常，一概而论的语言，多数带有情绪，因此一开始的认同相当重要，接着层层分析的做法，让被情绪淹没的事实有露脸的机会，这样的表达方法，很能突显个人冷静理性又专业的分析能力，也极具说服力。

◇ **想要引导被忽略的认知与细节时……**

情境

　　某个企业的业务部门，有少数人认为不需要花太多时间去听相关的专业课程，他们总认为做业务最重要的就是跟客户搞好关系。因此部门主管约谈这些人，希望调整他们的观念。

主管　你们跟客户的关系很好是没有错，但要是不加强本身的专业能力，哪天被客户问倒了，是不是也很丢脸？

解析

　　这样的说法听来没有什么问题，但只能归类为泡茶聊天的形式，若是真要影响某些人的观念，先前的说法很像闲聊一般，听完很快就被忽略，也无法层层引导，产生说服力及影响力。

精准表达

就整体而言，跟客户的互动关系良好的确是最重要的基础。

但是，进一步来看，客户也都在成长，他们会希望听到你在专业上的建议，更具体地说，掌握产品的专业知识，才是你立于不败之地的根本，不是吗？

说明

承认关系良好是重要的基础。在这个说法中，先承认关系良好的重要性，但诠释重点在于"基础"。既然是基础，就要再往下引导被忽略的"客户也在成长"。当这个部分提出来后，就更深一层点出"专业才是立于不败的根本"，这就是被忽略的关键细节与应有的认知，如此一来，业务员们就会被引导思考自己是否真的要加强专业，以确保自己在市场上拥有竞争力。

◎ 效益公式，销售说服最好用

日常生活中，不只是业务人员，一般人也会遇到需要说服别人、希望别人认同自己观点的时候，此时，该怎么说最好？让我们来看看下面的例子。

服饰店员："先生，想请教您的工作性质，会不会经常出差？还是长时间坐着办公或开会？"

客户："我的工作经常出差，又长时间搭机，怎么了？"

服饰店员："谢谢。这样我知道如何帮您推荐了，请您参考这几款，这是我们公司口碑最好的产品，有很好的防皱效果，特别针对长时间挤压在行李箱的衣物或久坐的西裤，相当适合您的工作性质！"

客户："嗯，这正是我的苦恼，衣服裤子常常没时间烫，也不太会烫，有时候穿出去很尴尬！"

服饰店员："能够符合您的需要真是太好了，我找几款比较适合您肤色的衬衫让您选择。"

这位服饰店员不是一味地推销自家产品，而是先关心客户的工作性质，再提供符合客户期待的产品，让客户可以从自家产品中确实获得好处；同时，也因为店员已经先从客户的立场思考怎么样对客户最好，当客户感受到时，这位店员或这家品牌就会获得信赖，也得到了一位忠诚的客户，这就是巧妙运用效益公式的完美结果。

什么是效益公式？

效益公式是针对自己所主张的观点或是推销的产品，提出对听众直接或间接的效益，让听众在聆听时，就能接收到对自身有好处的声音，进而发挥语言的穿透力及影响力。

使用的时机与好处：

＊推销个人观点、意见或产品

＊观点聚焦在听众自身利益

＊避免忽略优点或既有价值

＊避免掉入自卖自夸的陷阱

模拟演练：这个时候，你该怎么说？

◇ **希望对方再多思考一些时……**

情境

儿子因为高中一年级的生活科技老师请大家拍影片，开启了对电影相关科系的高度兴趣，但是又担心未来的出路与收入问题，当爸爸了解儿子其实最希望能先务实地赚到钱的时候，便给予一些引导，期望他自己思考并做出正确选择。

爸爸 电影没有你想的那么好！拍电影很辛苦的，而且一开始多半都是打杂、跑腿、当小弟，结果可能是，你学四年电影毕业后，搞不好还要从场务助理的助理干起。

这种工作性质既辛苦又赚不到钱，而且变动性很高，经常跟着剧组东奔西跑，别人吃香喝辣，你们就随便吃个便当，你喜欢这样吗？你以为电影圈能有几个魏德圣、几个李安？你看看人家魏德圣、李安也是辛苦这么多年才有成绩。你不要整天只想着兴趣，兴趣是没办法当饭吃的啊！你如果想赚钱，应该去学那些金融相关科系！电影是没有前途的！

解析

老爸的观点确实都没错，与事实相吻合，但说法不恰当，不但无法调整儿子的想法，提供正向思考，听起来会觉得爸爸只是很情绪性的排斥。同时，自己所喜欢的电影被老爸批评得一文不值，在情绪上会出现高度的抗拒与不满。

儿子如果觉得不被理解与支持，有可能与其父亲对立，反而更激化儿子想选择电影科系的意愿，这样不但没有帮到孩子，反倒影响父子关系。

精准表达

如果就普世价值而言，你去读财经相关科系，会得到比较高的社会认同度，往后无论是专业背景还是人脉资源都会比较广。

以后如果要出国读书，可以选择到美国进修，美国在金融商业方面的专业度比较多元，还有机会进到华尔街实习，既可以培养专业又能丰富资历，还可以结识专业人士，对你未来的发展更好。就个人的发展来看，未来你选读财经相关科系，从事基金经理人、证券分析师等工作，都是很好的发展，而且更符合你期望赚钱的目标。

如果对电影很有兴趣，进入大学后可以参加相关社团，通常参加这种类型社团的人都是对电影感兴趣的，大家互动起来会更有默契，这样既可以有专业的财经背景，又可以追求喜爱的电影艺术，效果相乘哦！

说明

老爸这样的说法有一个前提——他很清楚儿子希望能有高收入，正因为如此才能针对他所期望的给予正向思维的引导，从这个角度出发，引导儿子看到选择金融相关科系对自己的好处，同时也顾及对电影的喜好，建议未来可以参与相关社团。

所以，在儿子期待被认同与理解的同时，听到老爸说的都不是在否定自己所钟情的电影，而是看到对自己有好处的财经背景优势，这样的表达才会获得双赢的结果。

◇ 想要维护自己的产品时……

情境

　　服饰店的店员正在向客人极力推销一款新上市的商品，但顾客对这件衣服的颜色与线条却有不同的看法，销售人员为了捍卫自家产品，正在想办法说服顾客。

店员　小姐，我跟你讲，这一款是我们现在最新、最好的设计，这个颜色也是目前最流行的，看过的人没有不喜欢的，我想你是第一个说不好看的。这种服装剪裁跟款式设计，在巴黎、美国都已经开始流行，我们现在才引进，脚步已经比人家慢了，我们的店还算是先驱呢！我觉得这件衣服可以带，你应该参考看看，因为已经有很多人买了，而且很多都是一次买好几套！

解析

　　顾客听完这种说法一定觉得很不开心，好像被指责跟不上潮流，是第一个来找碴的。间接的也像在否定顾客的品味与观点。店员一直自顾自地强调店里的衣服有多好，站在维护品牌的立场也许值得肯定，但如果因此而否定顾客的说法，就算产品确实好，顾客的心情不好也是枉然。

更关键的是，店员见到顾客就滔滔不绝地推销自家产品到底有多好，却忽略了强调"自家产品到底能让顾客有多好"，这是销售大忌，很容易流于强势推销与自卖自夸的不良印象，结果往往适得其反，事倍功半！

精准表达

小姐，你挑到这款真的很有眼光！这一款在巴黎和美国最近才开始流行，你的品位几乎是与时代潮流同步呢！

我跟你介绍一下，这个款式的系列有很多种颜色，不喜欢这个颜色的话，我推荐另一种颜色。这个颜色很亮眼，穿起来很有精神，尤其配合你的肤色显得更柔美了！

这个款式的设计还有腰身上的修饰哦！对，就是这里！很适合我们东方人的体型，你看你现在穿起来，身材线条整个都衬托出来了，你本来就很苗条，现在看起来线条更美！穿起来好大气哦！你刚刚提到经常需要开会做简报，我觉得穿这个款式这个颜色超棒，很适合你！

对了，如果你开完会马上又要去参加晚宴或派对，只要再搭上一条丝巾，换双高跟鞋，风格就完全不同，很能衬托出你的气质。这套衣服能让你在工作与派对之间巧妙转换，对你而言其实是省下了买一套衣服的预算呢！

说明

店员先认同顾客的看法，同时给予肯定赞美，这是很基础也很重要的销售服务表达艺术。

然后从顾客在意的衣服颜色，与她的肤色搭配协助调整。在强调衣服的剪裁时，不但与顾客的身材直接联结，还能让顾客现场看到自己穿上这款服饰的效果，直接有效地引导客户与自家产品的结合。

同时提到服装能配合顾客的工作性质，尤其了解客户经常要做简报，更懂得用"大气"来形容，这会让客户看到自己的专业形象，提升购买意愿。

另外，从专业角度建议客户如何简单搭配，就能轻松快意地穿梭在工作与派对之间，让顾客想到服饰转换的困扰，最后贴心地帮客户省下购衣预算，等等。所有列出来的好处都与顾客本身息息相关，既完成销售又能得到好客户，可以说是双赢！

◇ 想规劝别人时……

　　有位大学生很喜欢在社交网站上丢一些很情绪化又稍显粗鄙的字眼，也习惯将很多人际或打工中的抱怨放在自己的页面上，老师希望给他一些调整与劝告。

老师　你整天把一些不雅的字眼放在自己的社交网站主页上有什么意义呢？除了宣泄情绪又得到了什么？只会让人觉得你没水平或是很情绪化，人家帮你点赞你也别开心，都是物以类聚，对你不会有好处的。

　　还有，在工作上，有时候要检讨自己，把抱怨别人的时间用来检讨自己才是重点，常常把这些事放在网上无济于事，更显得幼稚，我真的建议你要快点调整，不然对你以后会有影响，尤其你剩半年就要毕业了。

解析

老师基于关心，对学生提出这样的说法，听在一个原本就有这种情绪的学生耳里，除了更不开心、更多情绪之外，也许还会放上更多的不爽字眼与抱怨。

表达中提到"没水平""情绪化""幼稚"等形容词，等于一再否定对方，令人刺耳不悦，更将点赞的朋友归类为没水平的"物以类聚"，这只会令人心生抗拒，想改变对方的想法与做法当然会适得其反。

精准表达

我最近看到你在社交网站上放一些很情绪化的字眼，别那么不爽啦！你知道吗？最近和一些猎头公司的朋友聊，他们经常和企业内部HR，就是和人力资源部的人交流，那些企业内部的人都会去看应征者的社交网站耶！看他们都说些什么内容、怎么响应他人，还有哪些人是经常对话点赞的朋友：借此了解这个人的特质、个性与心态，还有交友情况，进一步决定录用与否。

所以，我建议你多放些正面的内容，不只自己可以开始朝正向思维调整，看到的人也会因为你的积极阳光而被吸引。

还有啊，一些没必要的情绪性留言，根本不用理会，毕竟观其友而知其人，尽量运用社交网站为自己经营好的形象与口碑，半年后毕业进入企业正式工作，同事或主管们到你的社交网站去浏览也很有加分作用，不是吗？

对了，虽然现在打工有些不爽的事情，其实都是你未来最大的资产，如果可以转换得好，自己的心态会愈来愈正面，把那些调整心情的过程放上去，既可激励他人，也可以净化版面，不是很好吗？回去记得想一想哦！

说明

老师先跟学生闲聊。用了些谐音模仿学生的不雅字眼，以此拉近距离，减少情绪性的对立。

接着向学生分享自己在猎头公司的朋友与企业人资的交流，突显现在企业对社交网站的关注，可以适度给学生一些开阔的视野，并理解企业生态。

接着老师将"正面文字"与学生应有的"积极阳光"画上等号，甚至用了"被吸引"的说法，让学生自己想象。毕竟，谁不希望自己的表现吸引更多人的目光呢？

针对情绪性的留言或响应，老师温和巧妙地运用为自己经营"好的形象与口碑"来引导学生，后面又提醒学生毕业进入企业后，同事主管参观社交网站时会有"加分"作用——这些都会让学生开始更成熟地思考应该为自己铺路的想法。

最后，将打工不满的情绪转换成"资产"的说法，更可以引导学生调整不满的情绪，并如老师所言"激励与净化"。这样的表达站在引导学生考虑未来的角度，绝大多数可以引起高度共鸣，产生影响力！

◇ 负面效益表达，反而令人感到贴心

效益公式所表达的内容都是以对方的"益处"为考虑，让对方在聆听的过程中，听到自己的好处，想象自己因好处而有所成就的画面，同时在心中感受那种获益的好心情。

但是有些时候，也不得不提醒对方，借以让聆听者了解自己的坚持有可能产生的负面效果，或是自己先前未曾考虑到的负面影响，乃至有可能导致的不良后果……

看了以下几个例子，你就会明白了！

大家都有在餐厅点菜的经验，有服务生会这样建议吗？

"小姐，你们只有三个人，这样已经差不多了，太多或许会浪费，我们的菜量比较多，等一下如果不够，我再过来帮你们服务……"相信所有听到这样建议的客人都会觉得这样"提醒"很贴心，反而是一种好处。

有一次，在上台演讲前，我因为气管发炎而严重咳嗽，担心根本无法开讲，只好找家庭医师救急，请他为我解决这两小时的燃眉之急。医师建议一种相当有效的注射药物，我当下欣喜若狂，但医师明确地对我说明："我必须告诉你，这个药很有效，同时也因为含有类固醇，对身体非常不好，你确定要使用？"

虽然当时的我别无选择，还是用了，但医师很明确地让我知道可能会有的反应或是副作用，当然决定权就在自己了！

前阵子听到一位大陆学员分享台湾行的经验，他很感动台湾的服务精神，尤其是 101 观景台的售票员让他印象深刻。

话说，当时这位学员已经将钱递给了 101 的售票员，没想到售票员竟又把钱还给他，并对他说："先生，很抱歉，目前上面已经被云罩住了，可能什么都看不到，如您方便的话，可再找时间来，这个钱不要白花，很可惜！"这位售票员确实很尽职，不让游客白花银子，给予游客自行决定的参考空间。

上述的例子，都是在生活中常见的"负面效益"的说法，不但不会让听的人反感，反而会让人觉得很专业且为客户着想。所以，有时适度提出"负面效益"的表达，会有一定的力度，尤其是从专业立场出发，且说法得体时，说服力绝对不亚于正向效益说法。

◎ 钟摆公式，整合不同想法

有一次，我听到两位妈妈在讨论到底是家庭教育重要，还是学校教育重要。

针对这项讨论，我们可以怎么说呢？

家庭教育可以给予孩子爱的养分，也可以为孩子树立完整的行为规范，长期耕耘正确的价值观；学校教育足以提供给孩子系统化的知识与技能，因为人数较多也可以训练孩子团队互动及人际关系的成熟度。

当孩子带着家庭中爱的养分进入校园，能够转换庞大的知识运用在生活层面上；而校方的系统知识及人际训练也能让孩子带进家门，增进生活的质量与技能。

上述说法中，没有绝对的好坏，也没有绝对的优势，而是取两者的精华，成就一个平衡观点，相辅相成，这就是钟摆公式。

什么是钟摆公式？

钟摆公式是针对两个相对立的观点或坚持，提出一个合理且中立的选项，以此作为金钩的根据。这项公式足以冷静有效将听众引导至中间立场，突破僵局，实现进度。

使用的时机与好处：

＊整合意见分歧与观念对立

＊化解僵局并主张多元观点

＊将多方想法融合趋于中立

＊创造相互尊重的双赢局面

★钟摆公式的运用技巧

概念方向	金钩设定		
经济	投资	不投资	合理配置
制度	禁止	开放	有效管理
进度	配合	不配合	弹性调整
教育	严格	自由	恩威并施
感情	分手	结合	相互尊重
工作	离职	留任	阶段规划

钟摆公式所要表现的是将双方的利基点都提炼出来，有效融合并取得认同。在运用过程中，用字遣词可以是温和理性的，也可以是较激进的。

通常，我们会建议尽可能运用温和理性，毕竟，钟摆的目的是平和地将事情协调好。

倘若双方僵持不下又互不相让，那么负责协调立场的人就必须为了大局着想，运用比较强势的字眼和语气，借以达成共识。

模拟演练: 这个时候，你该怎么说？

◇ **讨论相反议题时……**

讨论该不该全面开放赌场？

精准表达

全面开放赌场或许可以增加地方税收，繁荣地方观光事业，也能促进地方经济成长；但是另一方面，禁止开放赌场，确实也能保有地方淳朴的风气，维持既有的良好治安与生态。

不论是开放还是禁止，这不是博弈的问题。首先我们应该尊重地方百姓的意愿，如果可以，不妨通过表决方式来决定。此外，我们也必须考察成熟国家的经营模式及管理机制，让赌场开放后能发挥高度价值。

说明

用字遣词比较成熟、情绪也较为理性的表达方式，在谈到全面开放时运用了"或许"的关键词，意味着相关的税收、观光收入、经济成长是有机会实现的。而讲到禁止开放时，也运用了"确实"的关键词，表现出肯定淳朴风气，对于良好治安与生态也能因此保存，没有否定任何一方，也不偏向全面开放或禁止。最后，以地方民众的意愿作为中间值，将可能较激进的"公投"说法转换为"表决"，也适度地提出导入专业机制的建议，这样的说法接受度就会相对提高。

◇ **需要居中协调时……**

情境

在公司里的跨部门配合过程中，因为工作量过大，彼此情绪不佳、相互抱怨，甚至拒绝配合，影响整体进度，主管因而居中协调。

精准表达

我大致了解你们目前的情况，若大家继续配合，我们可以如期完成进度，同时证明我们的实力与创意，尤其客户一直期待我们这次的成果发表，这是很难得的表现机会。现在如果大家不想配合，其实也不会有太大的影响，必要时可以将一部分工作外包出去，也不至于影响成果发表。

我个人的建议是没必要这么绝对地看待这件事，其实大家可以运用弹性的配合方式，整理出手边目前的进度，比较重要的部分能够在内部整合的，就请大家配合完成，其他部分如果真的有时间上的压力，我们就考虑委外处理来解决这个问题。

说明

开宗明义先丢出两个重要的期待——"证明实力与创意"，以及"客户期待这次成果发表，这是难得的表现机会"等话，其实就是希望用一个最终的共识，让大家开始产生心态上的松动与悸动。

接着运用"无所谓"的一派轻松态度，表示状况依然在掌控中，进度也没有受影响，意味着不配合也没有太大关系，反正外包照样能完成。

最终，则是整合大家时间，做出弹性配合与外包的搭配方式，让整个案子的进行更具有平衡性，不论配不配合的声音都有了解决之道，自然减轻了彼此的压力。

◇ **想要化解对立情况时……**

情境

　　夫妻俩为了是否购买储蓄型保单而产生争执，一度让寿险顾问相当尴尬，但他终究还是要化解这种对立的情境。

精准表达

我能理解两位的立场，请容许我提出一些看法，张先生期望投资的这份保单具有一定的前瞻性，毕竟我们目前有一笔闲置的资金，运用在这一类型的保单上，确实可以掌握投资效益，又能获得保障。

那么张太太刚才提出来的观点我很认同，现阶段有积极的投资目标，希望可以在短期内获利，确实是一个很好的做法。

我个人提出一个想法，两位可以将手上的资金做合理的配置，一部分购买这份保单，毕竟目前你们的条件相当吻合，加上之后这项产品会停卖，现在没有把握到真的很可惜；资金的另外一部分，就像张太太刚刚所说的，可以大胆进行投资，我个人也认识一些相关的专业人士，到时候可以给你们提供具体的建议。

说明

先针对双方立场的优点加以肯定，继而融合双方的部分精华，然后整合出一套符合双方观点又不失衡的建议。

值得一提的关键在于这样的整合者，其专业立场必须站得住脚，才能化解双方坚持，而愿意接受折中的结论。

TALK
4

"辅助类"公式，
让你得到支持

◆◆ **比喻公式，超有趣！**

类比式比喻：让人从侧面理解，正面接受

强调训练需求的重要性……

希望强调效率与效能的差别……

想强调必须有一段长时间的坚持时……

实例式比喻：从相同立场感同身受

想强调附加价值时……

想强调业务态度的重要性时……

想强调企业正确的价值观时……

▣·▣ **双边公式，让你拥有专业形象**

希望客户了解你的坚持时……

想要请他人遵守规定时……

想说服与自己立场完全相反的人时……

骨牌公式，让人看到你的内涵

三因一果，层层引导

进行团体分享时……

想提出个人观点时……

需要处理客户抱怨时……

一因三果，说服力十足

被要求为检讨做说明时……

不被同人认同时……

为客户进行说明时……

连锁反应：用逻辑陈述

想要提出确切建议时……

希望劝说他人时……

想要运用专业劝人做调整时……

◎ 比喻公式，超有趣！

在一次讨论课程时，企业内负责培训的主管说："请问，为什么这个课程非得上三天？"

当时，我并未直接告诉他答案，反而问他："如果想要喝一碗浓郁的鸡汤，这锅鸡汤大概要炖多长时间？"

听了我的话，这位训练主管立刻哈哈一笑，然后告诉我："了解了解，我现在很想赶快喝鸡汤啦！"

上述的方式，就是典型的比喻公式：用一个例子引导对方理解，可以是实际的案例，也可以如同上述类比式的举例，一旦举出这样的例子，很多人脑海中会立刻浮现自己的经验与想象空间，倘若说得精确、不拖拉，很容易在表达过程中引人入胜，达到最佳效果。

但是，在举出相关的比喻素材前，必须在日常生活中经常观察体验，增加自己的敏感度，更要时时做好搜集汇总的功课，经常想一想，练习看看，时机到了，就能脱口而出，增强说话的画面感。

什么是比喻公式？

当你有主张的观点或是想推销的产品时，表达时可以营造一种画面模式，协助听众在脑海中建构出较清晰的图像，让语言具有生动的画面，不仅在叙述时更有趣味，同时也可以将这个画面置入听众的记忆与印象中。

比喻公式可分为类比式及实例式两种。使用的时机与好处如下：

＊表达内容较偏向于技术性

＊协助听众更有画面的理解

＊促进话题表现的兴趣张力

＊避免太多枯燥的理论叙述

◇ 类比式比喻：让人从侧面理解，正面接受

类比式比喻，简言之就是当问题发生时，不需要针对面前的问题回答，而是用另一种类似的情境比喻表达，让对方从侧面理解，然后正面接受。

模拟演练：这个时候，你该怎么说？

◇ **强调训练需求的重要性……**

　　企业内部讲师每每看到教学回馈调查的满意度都不高，原因是这些训练课程并不是内部员工想要的重点内容。人力资源部的主管为了强调训练需求的重要性，同时要求各单位能理解认同并配合，便可以以此类比……

精准表达

　　如果有一个人身体不适，来医院看医生，医生首先一定会问患者："你哪里不舒服？"大致问完后再做进一步检查，然后才会给予明确建议或开出正确的处方。

说明

像这样的举例，意味着要各单位了解真正的问题需求点，如果医生随便开一包药请患者拿回家吃，相信没人敢服用。同样的道理，如果企业讲师的课程规划未能迎合内部员工的真正需求，上课的状况必然是文不对题，结果很明显的就是彼此相互折磨、浪费时间、消耗成本。采用这样的说法之后，相信较能让人产生共鸣，进而开始调整配合的态度与进度。

◇ **希望强调效率与效能的差别……**

情境

　　一位业务助理对于交办事项都能比规定时间早完成，但完成事项的质量却令人不敢恭维。业务同人屡次交涉提醒却未见改善，助理仍自认为效率很高，至于偶有误差也都觉得理所当然。业务经理只好约谈业务助理，并以此类比……

精准表达

如果今天用餐完毕，你请一位朋友帮忙洗碗，他三两下就将所有碗盘洗完，并放进烘碗机。但是当你要从烘碗机取茶杯时，发现刚洗过的碗盘，不但没有洗干净，甚至将碗盘上的油水都滴在烘碗机里，因此影响到其他干净的碗盘茶杯，你的感觉如何？

说明

用这种方式告诉对方，让他理解做事有效率固然很好，但必须是在有效果的前提之下。

如果要再进一步强调，则可再跟进一个比喻：假设有一个人自豪车开得很快，但因超速出了车祸而无法到达目的地，你可以用哪一句话来形容呢？"欲速则不达"，对吧！所以，效率高很好，但是效果不佳，甚至出现反效果，那就适得其反，这不会是你想要的吧？！你的速度值得大家学习，倘若效果也被大家认可，相信这才是你所期望的，不是吗？

这种沟通方式，对方通常会在自己脑海中建构出画面与情绪，接受度会比直接责备或数落来得更高。

◇ **想强调必须有一段长时间的坚持时……**

　　一位想要减肥、健身的会员，向教练表示自己没有耐心到健身房接受训练，并询问是否有快速的减肥方式，专业教练很清楚这是不太可能的，并以此类比……

精准表达

　　小姐，你喜欢像金城武这样的帅哥吧！如果坐飞机，旁边坐着一位像金城武那么帅的男生，突然转头跟你说："我们结婚吧！"你敢吗？当然不敢嘛！你既不认识他，也不清楚对方状况，就算认识了，总要有一段交往过程，才知道合不合适，最后才能说愿不愿意，对吗？

　　任何事都要有一定的过程啦！立即见效都不会是好的过程，当然，那样的效果更不会长久，了解吗？

说明

　　这种帅哥突然求婚的比喻相当有画面感，很能让人进入情境并理解。教练期望对方了解减肥需要过程，因此将男女交往的过程，用来类比便很有感觉，同时还强调立即见效不会是好过程，也不会长久。

这样的引导很有效果，尤其是当人期望有好结果，但不愿意付出太多过程时，很有当头棒喝的力度。

◇ 实例式比喻：从相同立场感同身受

实例式比喻，就是将同样领域的案例或事件提出说明，让沟通的当事人能在相同的立场与情境中，有同样的感受并且被影响。

◇ 想强调附加价值时……

情境

我经常在企业内执行讲师培训，我都会鼓励企业将教材、教案更精细化，一方面留存自己的内部智慧，同时也将专业知识系统化，未来或许还有机会复制进而国际化。并举例说明：

精准表达

新加坡机场的营运名列世界前茅，他们的成功经验全靠系统化，不仅如此，更将这些管理经验与技术诀窍向外输出。

因此，新加坡机场成立一个管理顾问公司，专门将自己宝贵的经验输出到其他国家，每个国家只需要派六个专业人士前往辅导，便能够获得丰厚的利润，这印证了一个知识经济的力量。

说明

通常，谈这些所谓的知识经济或知识管理有很多理论，但听来沉闷且枯燥，倘若加入这些实际且成功的案例，学员会很快受到吸引，甚至有些企图心旺盛的企业，也都在课后开始着手一步步实践与执行，这就是效果。

◇ **想强调业务态度的重要性时……**

情境

鼓励业务员不要抱怨公司及产品，也不必挑剔客户，重点是自己的业务心态，并举例说明：

精准表达

曾经荣获《商业周刊》票选出的"Top Sales"的汽车销售员林文贵,当年他销售的汽车品牌及性能,皆在同行业末端,而他却能在一定的时间成就非凡业绩,令人不可思议。

在访问中他曾提到,公司年度预算有限,因此送客户的小礼物数量不足,当其他同事都在抱怨数量太少时,他却在心里这么想:"这正好帮我更精准地筛选出最重要的客户。"

所以,没有不景气,只有不争气,这位"Top Sales"阿贵赢在一个相当乐观正向的心态。

说明

对于从事销售的朋友来说,难免会有不顺心的时候,但总是有人心态消极,不思长进,经常对公司语带嘲讽或是私下抱怨,浪费太多销售能量。

举这样的例子,最适合让那些经常怨天怨地、怨父母、怨主管、怨客户的不争气业务员好好反省。尤其这位阿贵在当时的所有条件都不如一般人,却能创造佳绩,确实是一个激励人心的好例子。

◇ **强调企业正确的价值观时……**

　　提醒并强调企业并不仅仅是为了赚钱获利而忽略正确的商业价值与道德。短时间内或许能获取利润，但是就长远而言，将失去大笔财富，甚至是企业品牌。举例说明：

精准表达

　　一位东莞的台商接到德国汽车大厂的订单，代工制造重要的汽车零件，当工厂按照德国提供的设计规格制造并经测试之后，发现其中的设计有误，因此立即向德国反映情况。

　　德国相当肯定自己的设计没问题，请制造方依原始规格执行，但工厂高层决定放弃制造且告知德国客户，如果按照原先规格制作，在未来会出现何种影响与后果。德国客户因此很慎重地测试了几回，最终才发现原先的设计确实有误差。从此之后，这家工厂获得高度的评价与信任，德国大厂还将该台商介绍给其他汽车同行。

说明

这个例子清楚表达了一个企业"需要获利，未必要牺牲专业"的坚持，很多不道德的厂商往往短视，急功近利，将商誉抛诸脑后，坚信抓一把是一把的想法，所以市场不但做不大，更可能愈做愈萎缩，最终下台一鞠躬，甚至锒铛入狱也都不在少数。

把持正确的价值观，不为了赚取微小利润而出卖自己的人格商誉，坚持专业甚至公司的品牌，用这样的例子可以给一些企业决策者更多鼓励与警惕。

◎ 双边公式，让你拥有专业形象

一位担任录音师的朋友，曾经在录完一个知名歌手的单曲后，决定其中一小段要重新录制。歌手与制作人当场都有点错愕，因为他们俩都觉得很 OK，没必要重录！

这时，录音师朋友相当坚持地说："这一小段不够好，一定要重来，录音时段的费用算我自己的，如果不录也没关系，但是你们专辑背面不要把录音师及录音室打上去！"

结果，歌手自己在听完重录的段落后很感动，而且制作人还很开心地主动付了录音费。

这就是很标准的双边且专业的坚持！

如果不是刻意刁难或讹诈他人，也不是故意找碴作对，坚持立场就有其必要性，最起码对得起他人，也对得起自己的职业操守与专业坚持。

这种对某些专业、立场、想法、观点、做法的一定坚持，就是双边公式，没有任何模糊地带，也不会摇摇摆摆，在某些时刻足以表达个人对专业的深度认知与理解，可能因此影响他人，甚至给人高度的信赖感。

什么是双边公式？

双边公式是比较犀利且稍显果断的表达形式，这是一种通过两个极端的比较，来建构出自己必须强调的情况。乍看之下，双边公式略微类似钟摆公式，不同的是，双边公式并不太着力于中立或化解两个极端间的矛盾。

使用的时机与好处：

*强调个人对观点的明确立场

*建构个人对相关业务的比较

*借此强化个人的专业与理解

*提升听众对个人立场的支持

双边公式并不是为反对而反对，背后有一定的素养与修炼，双边公式的设计，是为了协助他人创造更优质的可能性，因此需要坚持自己的严格标准。

◇ 希望客户了解你的坚持时……

一位寿险顾问很坚持为客户设计医疗的相关保险……

精准表达

如果是终生型的保险，光有主契约是没有用的，因为只有在被保险人过世之后才能领到保险金。既然有了主契约，相关的医疗保险一定要有，否则当面临重大疾病或是需要动手术等情况时，统统是没有任何保障的，所以我坚持，一定要投保医疗附加险，额度多少可以调整，但是一定要有，一定要！

说明

寿险顾问的说法让人感觉是毫无疑问，且完全为了被投保人着想的，好像不投保不行！

业务员相当清楚，如果没有投保附加医疗险，未来会衍生太多问题。为了客户的未来与保障，坚持甚至强迫都要达成，这就是专业的坚持，也正是双边公式的精神。

就像台湾地区因为法律规定而强制骑车戴安全帽，毫无疑问是为了安全，这项规定没有灰色地带，执法更不容宽待，因为安全第一，没得谈！

◇ **想要请他人遵守规定时……**

情境

　　某些国家在海关检查行李时，极严格且不妥协，甚至于一罐乳液多出 25mL 都必须拿出来丢弃或托运，经常让很多不知情或觉得大惊小怪的旅客很不愉快，甚至当场产生争执……

精准表达

很抱歉，这不是我们规定的，这是全世界都很清楚的，而且是基于飞行安全的管理，只要是超过标准，我们都一定要请乘客喝掉、丢掉，或是托运，就是不能带上飞机。

说明

这种执法的严谨与坚持，很值得尊重，最担心的就是以一己的好恶或情绪作为标准。倘若未能依循标准立场坚持执行，日后必然发生许多纠纷。诸如：为什么他可以？为什么上次没问题？为什么现在要改？为什么现在变严格了？建议很多主管或家长对待部属或孩子，也运用双边公式来表明清晰立场与准则。

◇ **想说服与自己立场完全相反的人时……**

情境

夫妻俩为了要不要买房子，坚持己见且发生争执，老公相当坚持不需要买房子。

精准表达

我不想背一辈子的债，我们可以把这么多的钱运用在很多地方，租一间好的房子，碰到任何问题，一个电话请房东处理，环境改变了，我们就搬到一个更好、更舒适的环境。我们现在手上的现金，足以让我们每年好好出国旅游，享受美好的生活质量，我不希望这笔钱砸进去，却降低了生活质量，还要负债、足不出户，如同坐困愁城。

还有，小朋友再长大一些，每年暑假就可以送他去国外参加夏令营，根本不用担心花太多钱，而影响孩子看世界的成长机会，如果把这些钱付了首付款，接下来就要背负每个月很重的房贷利息，一点都不划算，所以我坚持不买房子！

说明

很显然，老公相当清楚自己的价值观及计划，如果这些钱的规划不是自私地用在自己身上，而是为了家人及未来的生活质量，这就是很好地运用了双边公式，明确地说明自己的立场及想法，而不是情绪化的胡言乱语，也不是为反对而反对，只要是理性的沟通，未尝不可。

◎ 骨牌公式，让人看到你的内涵

在一场演讲结束后，有位从事多层次营销的听众，很腼腆地等到所有听众离开后，才略带羞涩地开口："老师，我下个礼拜要上台接受表扬，公司请我准备一些心得感言，可是我很担心自己讲不好，您方便给我一些建议吗？"

经过一番了解得知，这位学员有公务员的背景，个性较内向却加入营销，同时也很努力地达成公司的绩效标准，晋升到更高的职位，不但经济状况大幅改善，又因不同阶段目标的达成，有机会获得奖励出国旅游，还被公司招待赴美参观总公司与工厂，为此他自己也对此感动万分，很希望能在三千多人的表扬大会上，精彩且精简地表达对公司的感谢。

当时，我给了他一些建议，而他也很有慧根地在第二天傍晚给了我一个短信，请我帮他调整，内容如下：

因为选择了这家公司，让我有机会得到奖励经常到国外旅游，让我有机会看到跨国公司的营运，让我有机会提前满足财富的目标；我感谢公司，没有这么好的公司就没有这么好的产品，没有这么好的产品就没有健康，没有健康就没有这么好的我，我再次感谢公司！

这位学员只提出一个"因为"，并且在因为后面，连续三个"让我有机会……"，这就是接下来要介绍的，属于"骨牌公式"中的"一因三果"法，既简洁有力，又不拖泥带水，同时还表现出语言的叠句效应。

在后面的结语中，则连续用三个"没这么好的……就没这么好的……"，则是"骨牌公式"中的另一个用法——"连锁反应"法，不但引导性很强，也会让听众有一种步步惊喜的感受。

说真的，看完了他的短信后，我只有一个想法：不是我教得太好，就是他本身有这样的潜质，这样的感谢词，我喜欢，真的喜欢！

什么是骨牌公式?

骨牌公式是有系统地从一个事件所引发的结果，或是从一个结果回溯导致因素的两种结构，进而将自己期望表达的来龙去脉说清楚。这种计划相当能够展现个人的思维逻辑，并因此获得支持。

骨牌公式分为"三因一果"、"一因三果"和"连锁反应"三种方法。

使用的时机与好处：

＊强化个人对某一事件的深度理解

＊强调在业务相关事件的说服张力

＊借由明确理性叙述展现个人内涵

＊避免单一叙述失去条理分明力度

◇ 三因一果，层层引导

"三因一果"指的是连续提出三个成因，最后再将结果呈现出来，会给人一种被层层引导的感觉，也会让人觉得很有逻辑和力度。

◇ 进行团体分享时……

情境

在一个公开的新员工欢迎会上，每位新员工被要求轮流上台跟大家分享为何选择进入这家公司…

精准表达

我跟大家分享一下，我为什么会选择加入公司：因为公司的形象与规模，因为工作的团队及性质，因为整体的薪资与福利，所以我选择了目前的公司以及这份工作。

说明

如果前面的新人都是吞吐扭怩的表达，或是言不及义的叙述，相形之下，上述这样的表达方式，立即令人耳目一新，即刻产生聚焦效应。

用"三因一果"方法铺陈，别人听起来会觉得言之有物，明显呈现焦点，且富有层次感。抓住了这次机会，别人对你的印象分数就提高许多，当然，未来被关注的机会也就多了。

◇ **想提出个人观点时……**

情境

在一个工作进度会议上，针对部分工作是否要委外处理的问题，提出个人观点。

精准表达

针对这件事情，因为时间的紧迫，因为人力的调配，因为质量的控制，所以我建议应该将这部分委外处理比较妥当。

说明

这种说法明显让人觉得他的立场的确是经过全方位思考，才做出的。有点类似"三角公式"的面面俱到，针对一件事情的主轴列出三个重点，所以会增强说服力。

◇ **需要处理客户抱怨时……**

情境

一位客户正在向客服人员抱怨，为何一定要等待这么久才能处理，此时，客服人员有条不紊地回应他。

精准表达

先生，请让我为您说明，因为您的产品是送到原厂维修，因为要确保维修的质量，因为维修后必须重新包装再寄回，所以，必须请您等候7个工作日。

说明

这是个既成熟又具有引导力的表达，客服人员显然相当清楚自家产品维修流程与步骤及其作业程序，所以，聆听者能够很清楚明确地理解整个事件过程。

这里要稍作提醒，通常用这样的表达方式，必须将语速及情绪控制妥当，否则，很容易令人有咄咄逼人的尖锐与强势感。

◇ **一因三果，说服力十足**

"一因三果"就是"一个原因，导致三个结果的发生"：一开始就明确提出一个主要因素，继而连续罗列三个结果，此时会发现，往往听众还没想到会有什么样的结果，我们已经清晰冷静地表达呈现了，因此，"一因三果"结构，很具有陈述的影响力。这样的表达，会让人有一种自信又肯定的态势。

◇ 被要求为检讨做说明时……

情境

　　一位主管跟人力资源部开会的时候，提出为何某部门总是跟其他部门格格不入，检讨问题发生的原因，人力资源部为此说明。

精准表达

这个部门跟其他部门之所以格格不入，根据我个人的了解与观察，最主要原因就是价值观的差异，正因为价值观的差异，所以经常抱怨制度、批评环境，跨部门沟通经常不顺畅，工作气氛沉闷压抑。

说明

　　说明者先经过观察与了解，提出主要的原因，之后，又相当有结构地陈述导致的结果，现场一听，就能感受到不是信口开河，更不是因一时情绪随口说说。

　　所以，平常必须在相关问题上深入到某种程度，再运用这样的表达技巧，很具语言的穿透力。

◇ 不被同人认同时……

　　针对企业内训制度的调整，训练部主管提出应有的改善，认为必须更严格要求出席率及后续验收，其他部门主管则有部分微词，觉得可以不用那么严格，训练主管的说法……

精准表达

正因为毫无妥协的严格执行训练管理，员工才会承担自己的学习责任，员工才会更严谨地看待学习进度，员工才会更扎实地拥有学习程度，相信这对于公司整体发展，无疑是正向的好事。

说明

这种说法的前提是，必须明确知道自己主张的定位，继而罗列各个受益层面，并铿锵有力地叙述，如此势必提升个人的专业度，更会因立场坚定清楚而得到支持！

◇ 为客户进行说明时……

情境

一位理财顾问正在跟客户洽谈财务及养老规划。

精准表达

因为您已经做好了养老规划，所以就有优质的退休生活，所以就不用为房贷烦恼，所以就不用担心医疗质量。

说明

这样的表达让人更清楚地看到结果，甚至连自己都未必思考清楚的未来，经过理财顾问的清晰说明，更能做出明确的决定。

再次说明，在进行这样的说法前，一定要确有其事及好处，绝对不仅止于装点表达的华丽与层次，最关键的还是表达内容符合事实。

◇ 连锁反应：用逻辑陈述

连锁反应指的是将需要表达的内容运用逻辑串联，如同骨牌一样息息相关，运用这样的表达公式，将想法有节奏并明快地成串推动到结果。

◇ **想要提出确切建议时……**

面对治安日益恶化的情境，相关人士提出说法……

精准表达

如果能够落实严刑峻法，犯罪率必定会降低；如果犯罪率降低，百姓对政府的信任度就会提高；一旦信任度提升，其他法案支持通过的比例也就相对提高。

说明

用"如果这样……就会这样"的层层连锁结构，这里的关键问题是"落实严刑峻法"，而期望最终的结果是"提高法案被支持通过"，将前因后果整合在一句话中表达，有如骨牌效应般地产生引导力，听的人也会在不知不觉中，一步步地受到影响。

◇　希望劝说他人时……

妈妈劝女儿不要太倔强，如果能把脾气改一改就能获得男友的真爱……

精准表达

如果你把脾气改一改，就会多些耐心；多了耐心就能听到他的想法；听到他的想法就越能理解他，理解了两人关系不就更好了？

说明

这样的说法经常出现在有智慧的长辈口中，也可说是循循善诱。而运用这个说法时，要尽可能地引入正向的结果，而不是让对方愈听愈不舒服好像被数落。

比方说：如果你听我的话，不要跟他交往，就不会被他骗钱；不被骗钱，你现在也不用跟我借钱……这样的结果，就好像自己很不开心或不情愿，原本是想劝人，说到最后反而好像自己受牵连，让对方更自责或不开心，不但无效，还会出现反效果。

◇ 想要运用专业劝人做调整时……

　　辅导老师正在跟家长进行沟通，欲调整家长与孩子的相处方式。

精准表达

　　如果您能跟孩子充分地沟通，就不会产生代沟；没有代沟，就更能理解孩子；理解孩子后就能适度给予协助，孩子也就不容易误入歧途。

说明

　　这是很简单的道理，但是如果平铺直叙地讲出来，影响力会减弱。倘若像上述这样表达，无形中将提升专业度与地位。

　　如果平常就能针对这些问题思考，会发现素材俯拾皆是，要应用的时候就可以信手拈来，听的人就会感到丝丝入扣了。

TALK
5
活用读心术精准表达，
凡事正中红心

说话，要对胃！

理智？感性？各说各话！
搞清楚你的说话对象是哪种类型
这样说，人人都爱你
和主管"接上线"没你想的那么难

开口前，看到重要人士心底的期望

做简报前，从对方信息读出喜好
了解价值观，读心就不难
简报现场，"读"出真正的决策者

读心又贴心，人人都被你说动

读心术 + 效益公式，解决客户疑虑
读心术 + 变焦公式，处理客户抗拒
读心术 + 钟摆公式，让大家都同意

◎ 说话，要对胃！

你希望自己在说话时，让听的人有什么样的感受？

＊让听的人有"喜获知音"的感受！

＊说到对方心坎里！

＊认为你是一个"有内涵"的人！

＊日后有问题，会想听听你的看法！

＊期待下次还能跟你说话！

如果以上选项中，有你想达到的目标，那么，本章就非看不可！

一位对汽车十分有研究的汽车销售员，在甲客户看车时，热心地介绍：

"我告诉您，这部车子有十六个汽缸，它的排气量、扭力……"

面对乙客户时，却说了"这部车子有十六个汽缸"这句话之后，几乎不做后面的介绍，就直接说："走，我们上车开一圈！"

这两种方法，可以说天壤之别，然而，这位汽车销售员却业绩长红，让人十分好奇。

"其实，也没什么特别啦！"汽车销售员回答，"当我说出'十六个汽缸'时，如果发现客户的眼睛亮了起来，一脸兴致盎然的模样，表示客户懂车，所以，当然要继续介绍下去；一旦发现客户对十六个汽缸没有太大的反应，那么表示客户对汽车的研究不深，多说也是枉然，此时，就要赶快从'感觉'下手，直接载客户出去兜一圈，然后在过程中介绍车子的舒适性、驾驶性、安全性，让客户尽情遨游于想象中。"

看出来了吗？这位汽车销售员的业绩之所以好，就在于他懂得以"十六个汽缸"为线索，看出客户的喜好，分析接下来该怎么说最对客户的胃口！

接下来我将告诉大家，如何简单判断说话对象的类型，让你与人说话时，都能在最短时间内深得人心！

◇ 理智？感性？各说各话！

小陈和小可是办公室恋情的一对才子佳人，情人节当天小陈请人送了一大束玫瑰花给小可，想当然地在办公室造成一阵轰动，羡煞许多女同事。

正当同事起哄称赞小陈浪漫之际，小可沉着一张脸将小陈拉到一旁说：

"你很有钱吗？搞这束花来很无聊耶！这些钱省下来送我一个新的手机套还实际一点！"

小陈似乎踢到大铁板，而小可又好像太过现实不解风情！

同样是送礼物，小韩在结婚纪念日当天晚上，请老婆吃了一碗号称冠军级的牛肉面，回到家从抽屉拿出一部老婆喊了很久想换的新手机送给老婆，然后自顾自地跑去洗澡了。

小韩从浴室出来，看到老婆一个人坐在客厅，灯也没开，新手机也没拆封，满脸不悦的表情，令小韩不解："你怎样了？不舒服吗？"

老婆很认真地站在小韩面前："我真的很不舒服！今天一整个晚上你都没有跟我说三个字……"

小韩纳闷："什么三个字啊？"听到小韩的回应，老婆喷出眼泪难过地说："你都不爱我了……"

小韩急忙反应："不爱你？不爱你我请你吃这么贵一碗冠军牛肉面？不爱你我送你那么贵的手机？"老婆更难过地说："吃牛肉面又没有烛光，你送我手机的时候没有抱抱我也没有说你爱我，一点都不浪漫……"老婆继续难过继续哭，小韩觉得自己好无辜！

献殷勤还真得看个性，不是吗？

有时候，理智型的人和感性型的人相处起来，会出现"秀才遇到兵"的情况，就像上面两个故事，双方都没有错，只不过一方属于理智型，而另一方是感性型，同样是表现或接收爱，表达方式错了可就差得远了。

如果想要改善这个情况，请先了解对方属于哪一种个性特质。

一般而言，我们都会以理智与感性来简单分类，便于理解对方。

理智型的人，喜欢讲重点、直接行动，比如在送修东西时，喜欢问维修的步骤、时间、成本、多久维修一次，这个类型的人讲究理性，希望务实，想巨细靡遗地了解事情。与理智型的人对谈时，可以多引导步骤性的内容。

感性型的人，重视的是意义、价值。以送修东西为例，喜欢问东西会维修成什么样子、东西要送给谁修、会不会很麻烦等，重视被人们了解。

现代社会，多数人必须在某些情境下扮演不同角色，相对而言他们所呈现的特质也会迥异，如果你的说话对象跟你不同类型，又占了十分重要的地位，那么，请说另一种类型的人喜欢听的话，至于那些人到底是属于哪种类型，必须先从科学的角度大致理解人们个性特质的分类，才有机会对上话。

◇ 搞清楚你的说话对象是哪种类型

关于快速了解人格特质，我个人相当喜欢 PDP 性格测试——这是一个多数人耳熟能详的人格特质分析系统，相当具有科学性及准确性。

这套系统将人格特质分成四种：老虎、孔雀、无尾熊、猫头鹰。

严格说起来，通过问卷及计算机系统分析当然会更准确，但是，我们仍然可以从下表中，清楚了解这四种类型的特质及他们讨厌的特质。

类型	典型个性特质	典型厌恶特质
老虎	行动派,有勇气,抓大方向,敢于挑战创新,重权威,果断,重视实力,意志力强	暧昧的,平庸的,不果断,懒散的,讲闲话的,缺乏立场的墙头草
孔雀	喜好交友,重视沟通,擅长激励,重视团队,乐观,主动经营气氛,喜欢表达	批评报怨的,技术性挑战,悲观主义,消极负面,被孤立
无尾熊	沉稳有耐心,有恒心及规律,和善亲切,不与人为敌,追求技术面质量	有时间压力,缺乏计划性,冲动草率行事,应酬性交谈,突如其来的变化
猫头鹰	巨细靡遗,细节精准,对规则有强烈责任感及义务感,重计划条理,严谨保守	被挑剔细节,夸大炫耀,逢迎拍马,心浮气躁,不可被预期的,规则任意改变的

◇ 这样说，人人都爱你

如果我们稍稍留意，就可以很快察觉到平时沟通的对象倾向于哪种个性特质，接下来，就要适度地调整我们在表达时的重点或风格，提升沟通效能，做好"调频"，当频道对了，共识就产生了，当然也有可能因此获得赞赏与认可。

以下将和大家分享的是，与这四种类型特质的人相处时，最可以做的与最不能忽视的地方！

＊老虎特质的人

老虎特质的人很重视结果，所以要尽可能说出明确的信息、做法或结果。

这种特质的人，经常是见林不见树的大格局，所以在沟通过程中，可以适度减少那些太过细腻烦琐的信息，因为，他们会对这些缺乏耐性！

需要特别注意的是，老虎特质是相当目标导向的人，一旦他们确定要扮演成"细节把关者"，他们恐怕会比猫头鹰还要重视细节及数字，所以，请别以为只要大概糊弄一下就可以过关哦！

＊孔雀特质的人

千万不要在孔雀特质的人的面前闷不吭声，因为他们很喜欢聊，也期待你的响应。在"孔雀"面前，可以多提出想法，但是要避免谈一些消极悲观的主题或是看法。

孔雀特质的人很渴望自己是群体中的主角，如果能给他们表现机会，并在表现完毕之后多给予掌声，他们就很容易因此获得成就而心情大好。

需要特别提醒的是，别在孔雀特质的人面前主导话题，这样可能会让他们觉得自己不被接纳哦！（他们是很习惯提出想法，并主导话题的高手。）

＊无尾熊特质的人

温馨愉悦的气氛，最能让无尾熊特质的人感到安全，而不急不徐的侃侃而谈，则是他们最容易接受的说话方式。与无尾熊特质的人沟通时，如果能先约定时间进行沟通，效果会加倍，倘若突然站在他们面前抓着他们谈事情，不论是谁，都会让他们感受到极度的压力。

在言谈中，如果突如其来向他们要求一个时间表，如：赶快做这件事、尽快给我答案、现在就去完成、现在可以做决定吗？诸如此类临时的命令或说法，通常会让他们担心且不舒服，虽然他们不会立即表达出来，但是此刻，他们已经在心中与你隔开一段距离。

特别要提出来的是，无尾熊特质的人很重视人情温暖，在必要时刻，不妨营造一个温馨和谐的气氛，此时的沟通是最有效果的。

＊猫头鹰特质的人

如果说一个公司内谁最能靠得住，通常就是猫头鹰特质的人了。所谓"靠得住"意味着他们最能为公司把关，不论是财务、程序、安全……由细腻的猫头鹰来处理就对了。

猫头鹰特质的人在沟通互动中很在乎数据或证明，甚至即使是规定，如果没有很确切的数据，通常很难取信于他们。

由于他们太重视实证，因此立即要他们产生行动或是做出决定，他们会相当排斥，硬要他们接受也会表现出"没反应"的表情，让人感到有距离的冷漠。

值得注意的是，猫头鹰特质的人在团队中相当有忠诚度，当他们表现出如法官般的严厉与苛刻时，请不要误解，因为这个时候的他们，正在捍卫一个不可逾越的"道统"。

◇ 和主管"接上线"没你想的那么难

有一次，我在教授简报课程后，一位学员走到台前，心事重重地问："老师，我是学技术相关的，现在每周都要向主管报告至少两次，每次报告我都很不舒服，主管总觉得我没有准备，但我真的准备了很多资料，可是还没报告完他就不想听，然后又打岔一直发问……我真的不知道该怎么办！"

"你还记得，他每次听报告时都会打岔问些什么问题吗？"我反问。

"记得啊，他每次都问同样的问题。"

"既然都一样，表示这些问题，就是他重视的要点，你有没有针对这些问题的方向准备？"我又问。

"没有。"A学员回答。

"为什么没有？"我再问。

"……"A学员突然说不出话来。

你是否和A学员一样有同样的问题：明明觉得自己准备得很充分，却总被主管嫌弃，甚至被责备准备不充分？

这还是跟读心术有关，原因就在于，我们自己重视的和主管重视的不一样，而你没有跟主管"接上线"，主管没听到他想听的，当然会认为你没准备！

请回头想想，主管都问哪一类型的问题？听到什么事情会追根究底？听到哪一类的内容会有情绪？经常会在什么内容段落打岔发问？

通常，不断问"为什么"的人，很重视过程；而习惯追问"结果呢"，那就毫无疑问是个目标导向者。

如果是重视过程的主管，当听不到来龙去脉的说法与做法时，对结果的可信度就会一直提出质疑，因为，他要知道这个结果"为什么"是这样来的；而对于重视结果的主管而言刚好相反，他们认为，不论过程报告得多么巨细靡遗，如果对结果没贡献，一切都无意义！

所以，不是你没准备好，而是准备的方向始终依照自己的想法，而非主管的期待，这种总和主管接不上线的状态，就会让自己沦落到重复挫败、心情沮丧的下场。

建议在下次开会前，将主管关注的部分，视为报告重点，除了会增加自信心，更能因此获得主管的支持与赏识！

◎ 开口前，看到重要人士心底的期望

◇ 做简报前，从对方信息读出喜好

一天早上，在北京的某家酒店用早餐，坐在隔桌的两个人提到即将要对客户做简报，接着就在餐厅进行起"行前教育"。

由于他们俩的声音颇大，让人不听到也难。

甲："你今天不要说太多过程与来龙去脉，也不要讲一堆技术性的内容，尽量提出会有什么结果、能达到什么程度之类的！"

乙："可是，我不把过程讲清楚，后面的结果我不觉得能讲明白，而且我觉得那个技术的东西很重要……"

显然，被提醒的乙有自己的坚持，但很快又被甲打断并急促地提醒："我告诉你，不要讲你想讲的啦！要讲他们要听的。最关键的是，今天这四大巨头，全都是搞业务出身的，听技术干什么？这样你了解了吧！"

上面这个对话，是在职场中十分典型的情况，的确，只要能掌握听简报对象的背景与经历，就懂得如何设计表达的内容与素材。

◇　了解价值观，读心就不难

"我是很想知道他们关注什么，但是我总是抓不到他们的好恶，这真的很难啊！"很多职场上的上下关系、业务在线的买卖关系、人际上的互动关系……都会遇到这样的疑惑！

其实不难，关键是要抓到对方的"价值观"。

价值观，是一个人做选择时优先级的准则。

每个人在思考要不要、喜不喜欢、配合与否的当下，都会通过内在自我选择的价值系统把关，因此在谈话时，只要认同对方的价值观，不必强力说服，通常就能水到渠成哦！

现在，请思考：假如你今天要简报的对象，是一位技术研发背景的业务主管，你觉得他在听简报时会在乎或提出什么问题？

是"重视技术相关流程与步骤"吗？

如果再进一步了解，这位主管担任业务主管已经超过三年，而且市场竞争激烈，你又会觉得他期望听到些什么呢？

答案肯定只有六个字：绩效、绩效、绩效！

原因在于，即使对方已经拥有一定程度的技术背景，但以现阶段的立场与角色来看，这位主管的价值观肯定已经"调整"到与部门绩效有关的信息上，所以，一旦清楚这件事，就不会单纯粗浅地认为因为对方是技术背景，就想迎合他谈技术，否则，肯定被严重打脸！

通常，一个人的价值观，自我认知的优势或劣势，乃至于会担心忧虑些什么，都是可以在言谈中"嗅"得出蛛丝马迹的，只要提高敏感度，就不难察觉。

◇ 简报现场，"读"出真正的决策者

多年前，帮一家上市电子公司进行简报技巧训练，学员仅仅六位，总经理带着五位副总，相当特别！

课程中，有位副总提到，自己很难抓住客户的想法，加上又必须经常带着伙伴在现场进行竞标，压力很大。

"明明做简报时，该公司负责人脸上露出很满意的模样，互动提问也很热络，却在事后被通知未能得标，很不是滋味，还真的不知道问题出在哪儿了。"副总一脸无奈地说。

"请问，您知道该公司真正的决策者是谁吗？现场有无决策者？谁才是真正的决策者？谁能影响决策者？"我问。

"这……'应该'就是级别最高的那位！"不只该副总这样说，现场所有的副总都如此认为。

"应该"这两个字，通常就等于我们刻板的认知与理解，所以也就常因此忽略，甚至忽视了真正的"要角"。

通常在简报现场，尤其参与提案竞标时，会有以下三类角色：决策者、执行者、关键者。

这三种角色有可能就是"要角"。

决策者，当然就是坐在最主要的位置、职级官阶最高，现场看来都以他马首是瞻的人。

执行者，通常是整个项目或是采购的负责执行者，有时称之为"窗口"，甚至是直接操作或执行的主要负责人。

关键者，这样的角色有时很低调神秘，有时沉默不语，却会在关键时刻提出看法左右全局或引导决策，像是该公司聘请的顾问最具代表性。

如果在提案简报现场，我们都认知决策者最大，将语言的表达与修辞都贡献在这个角色上，言必称某某总，或是大部分的时间，都将眼神、方向关注在决策者身上时，很可能会出现以下情况：

听完演示者报告，决策者第一句话就问执行者："按照刚刚他们报告的规格或是内容，跟我们现阶段的系统能否吻合？"接着，再转头和身边的顾问交换意见，最后又向执行者提问："所以你们确保这家系统比较 OK ？"

显而易见，决策者关心采购后的使用效能或吻合度，那么毫无疑问，真正影响决策的临门一脚可能是"关键者"的提醒，以及"执行者"的看法与观点，不是吗？

倘若先前没关注执行者或关键者，缺乏尊重的眼神或必要性的专业信息交流，这一刻，真的有可能被挑三拣四或排除在外。

因此，我们在进行报告前，可以试着与人交谈，并从交谈中，大致了解今天现场"真正的"决策者是谁？而他们重视的、关注的、在乎的、顾虑的、期待的……会是哪些信息，我们就很容易理解对方的期望，并容易说到重点，取得支持。

◎ 读心又贴心，人人都被你说动

◇ 读心术 + 效益公式，解决客户疑虑

几乎每一位销售房产的业务员，都会很用心地介绍自己手上的对象有多优质，但是我们在效益公式中曾谈道，如果那些好处跟潜在客户无关，说再多也不过是"老王卖瓜"式的推销。

最关键的，其实在于这位潜在客户真正在乎的是什么。

结合读心术，可以快速为效益公式加分，并迅速虏获客户的心，成就交易的期望。

曾经有位房产销售员，带着一对夫妻到新店山上看房，路上，他听到老婆不时对绿树青山赞叹不已，并且不止一次地重复跟老公说："如果洗碗时能看到山，洗再多碗都不累！"

但是，每当老婆赞赏一次，老公也会低声抱怨一次："拜托！这边这么远！"

不久，销售员带着夫妻进入屋里，首先映入眼帘的，就是客厅窗外层层叠叠的山景，这一点让老婆兴奋地开始跟老公说起家具的摆放位置了。

此时，销售员乘胜追击说："张太太，带你看更棒的！"接着，带着这对夫妻走入厨房——这是一个明亮的厨房，料理台正前方的窗外，正是一片苍翠远山。看到这里，张太太已经陶醉不已，频向老公低语："就这一间啦！"

当老公还摆酷东瞧西看的同时，销售员请夫妻走进主卧房，站在窗边向窗外的右下方指过去："你们这个时候买最幸运，那一条路看到了吗？最近才通车，从这里开过去约八分钟就能转进那条路，十分钟下山后就可到中安便道，再接外环线，到台北半个小时，绰绰有余！"

始终三缄其口的张先生，听到销售员所说的，立即接话："真的假的？"

销售员带着满满自信："等会儿下山，车让您开，由您夫人计时，我当您的 GPS 啦！"

接着，张先生开始话变多了，也开始跟老婆讨论布置等事，开始想象自己住进来的点点滴滴……这房子当然成交了！

从这对夫妻的对话中，你听出他们俩的价值观吗？老婆超爱青翠山景，老公嫌路途遥远，这对夫妻的各自价值观已经清晰可见，而销售员果然也很用心地倾听这对夫妻各自的价值观，先满足老婆的期待，之后又巧妙地引导并笃定地向老公介绍新开的公路，解决他的顾虑，更幽默地请他们自行开车计时，这样的方式就是标准的投其所好，读出对方想法，让他们看到符合自己的好处，再加上效益公式的灵活应变，只要用心，沟通成交就不难了！

◇ 读心术＋变焦公式，处理客户抗拒

人们有时会因过去的经验或历练，对现下的人、事、物有一定的主观判定或曲解，这样的状况屡见不鲜，如果运用读心术找出对方真正的顾虑或担忧，再一步步地引导，要解除对方的疑惑甚至抗拒其实不难。

假设你是推广课程的业务人员，当客户看到讲师的照片，认为讲师太过年轻，对讲师的年龄提出相当程度的质疑时，你会怎么回答？

一般来说，业务在客户面前，为了想取得客户信任，加上希望说服客户，多数会随着年龄问题打转：说"不会啦！他已经三十多岁了，而且他本人看起来比相片更老啦！"

这样的说法不具说服力，也未能理解客户的疑虑，客户通常不买账，久而久之，有些讲师干脆虚报自己的年龄。

如果，我们善用读心术及变焦公式的结合，这个问题就不难处理。

透过读心术，我们会先察觉到：对方真正在乎的会是年龄吗？

办课程时，所有主办单位希望的是"课程效果"对吧？因此，在我们理解对方的顾虑后，可以用"认可—反义词—调整（同心圆）"的方式，从原本客户聚焦在年龄的焦点，提升到对方所期望的结果上。

以"讲师太过年轻"为例：

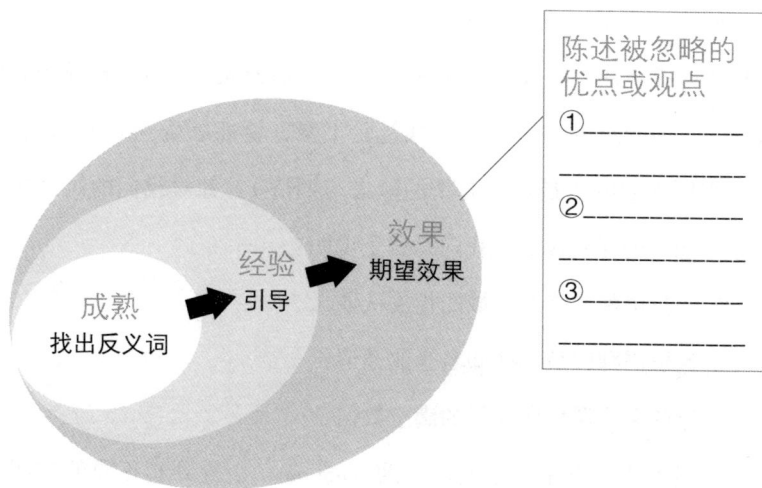

首先，要先"认可"：讲师确实较年轻，因为这是事实，无须强

辩或更多解释。

其次找出"反义词"：对方提到年轻，因此年轻的反义词可以调整为"成熟"。

接着开始"调整"：运用"同心圆"的调焦引导，让对方看到我们提供的讲师，能够满足对方并令其安心，同时看到应有的效果。

以同一个例子做说明，最清晰简洁的说法如下：

客户：你们的讲师都太年轻了！

回应：是的，我们的讲师确实都比较年轻（认可），所以您比较希望讲师能更成熟（反义词）些，是吗？因为成熟的讲师授课经验比较丰富，对吧（引导）？而讲师经验丰富，就能够确保课程的效果，这是您所期望的，是吗（真正的顾虑与期待）？针对我们的讲师如何能够为您实现课程效果，我向您做个说明：

1. 这位讲师获得该领域的相关认证

2. 这位讲师曾被那些知名企业邀请

3. 这些企业课后所获得的满意数据

上述说法，先是运用变焦中的 zoom out，引导到真正要的"课程效果"，接着运用变焦中的 zoom in，条列陈述讲师能确保课程效果的优势，让客户更安心、更理解，也更能释怀先前的顾虑。

运用这种变焦引导形式，关键在于，要理性的让客户更明确具体地知道，哪些是先前被客户忽略的优势。

值得一提的是，那些所谓的"优势"绝对是事实，而非为了说服或成交而杜撰的说辞，否则就成了欺骗。

◇ 读心术 + 钟摆公式，让大家都同意

很多时候，经常会遇到两派人马各持己见，当你是协调人时，就可以使用钟摆公式。

年假九天耶！

小杜和家人们决定一起出游。

但是小杜未婚，哥哥新婚，姐姐有三岁和五岁的小孩，再加上爸妈，总共有三个家庭一起旅行。

讨论旅行方式和地点时，身为主办人的小杜，发现大家没有共识。每个家庭都得考虑到自己的状况及期望，毕竟出游一趟花费不少呀！

姐姐："我们这么多人，又有小孩和老人家，跟团比较方便，省得一大堆琐事，而且也比较安全。"

哥哥："跟团每天要起个大早，草率地吃早餐又赶行程，这样太累了，还是自由行比较能自己掌握时间，反正提前规划做好功课就行啦！"

姐姐："自由行当然是很自由啦！但是光是要搞定我们家这两个小的就很难啊！很多行程万一爸妈走不动或太累要先想好呀！还有，谁去订饭店、安排行程呢？"

哥哥："不然我们就找一个定点啊，像峇里岛就不错。"

姐姐："峇里岛我觉得很好，那就去找一个旅行团比较一下行程吧！"

哥哥："不要跟团啦！自由行就好了啊！旅行团很不自由啦！"

小杜坐在一旁听到老哥老姐的对话，开始想该怎么办，因为，哥哥姐姐各有各的顾虑与想法，谁都没错，但是如果不做好协调安排妥善，一趟旅游出去就会搞得抱怨连连，不欢而散！

最终，小杜提出了一个相当折中且令全家兴奋的建议！

小杜："如果要兼顾每个人的需求，我建议大家多花一些钱，我们就去 Club Med 峇里岛的村子，那边是一个相当独立的度假村，吃喝玩乐全包。像老姐的小朋友就可以参加 Kids Club，有专业且热情的 G.O. 可以带着玩，你跟姐夫完全不用担心，还可以自在享受度假，重温蜜月的浪漫噢！

"老哥跟大嫂更开心喽！你们可以睡到自然醒，村子里的活动很自由，想做什么都没人管，不受时间限制，随时可以享受阳光或海水，吧台的饮料免费，无限畅饮，你们的两人世界绝对不会受到干扰，赞吧！

"还有最重要的是老爸老妈，他们如果觉得待在村子里面会无聊，还可以参加村外旅游，也是有专业 G.O. 安排设计带领，是不是很棒？

"我们白天可以各自开心找乐子，晚餐再一起好好享受美食，接着一起去欣赏每天晚上村子里安排的表演秀，你们觉得如何呀？"

小杜说完，获得全数赞成，无异议通过！

小杜读懂了老哥其实很希望跟新婚老婆好好享受假期，不被约束干扰。

小杜也读懂了老姐对孩子的顾虑，既希望玩得开心，更希望玩得安全无虞。

当然，小杜也考虑到爹娘的年纪与体力，若是待在村中无聊时，还能有另一种充实的选择。

结果就是一家子在村中玩疯了，相约以后每年都找一个村子去混暑假！

小杜的做法，实现了各方的期待，找出平衡且具贡献的观点，只要让各自的价值观被满足，争执就很容易被高度的肯定化解。

关键就在于能洞悉不同立场的人各自的坚持或主张，一旦能读懂，只要一站上中间立场登高一呼，就能得到大家的认同，几次下来，还有可能渐渐树立自己的领导地位哦！

后 记

恭喜你阅读完本书，此时，相信你对于精准表达已经有了初步的认识。

常听到人们说："看起来都很简单，但是……"

这就是所谓的知易行难！

如果我们不希望下次有机会表达时，又出现"老症头"，建议你按图索骥，好好地为自己稍稍做一些规划与练习，在下一次的报告或公众表达时，让人惊艳且印象深刻。

这是一本工具书，至于有没有用——

如果有用，就有用；如果没用，就没用了！

祝福你！